JN028059

改正会社法

東京弁護士会＝編

弘 文 堂

発刊によせて

「会社法の一部を改正する法律」（令和元年法律第70号）が、「会社法の一部を改正する法律の施行に伴う関係法律の整備等に関する法律」（令和元年法律第71号）とともに、令和元年12月４日に成立し、同月11日に公布されました。

今回の会社法の改正は、平成26年改正に続く２度目の本格的なもので、平成29年２月９日に開催された法制審議会において、法務大臣から「近年における社会経済情勢の変化等に鑑み、株主総会に関する手続の合理化や、役員に適切なインセンティブを付与するための規律の整備、社債の管理の在り方を見直し、社外取締役を置くことの義務付けなど、企業統治等に関する規律の見直しの要否を検討」されたいとの諮問を受け、作業がスタートしたものです。

改正法の内容は、株主総会資料の電子提供制度の創設、株主提案権の濫用的な行使を制限するための規定の整備、取締役に適切なインセンティブを付与するという観点からの取締役に対する報酬規制の見直しやいわゆる会社補償・D&O保険に係る規定の整備、一定の会社に対する社外取締役設置の義務付け、社債管理補助者制度の創設、さらには株式交付制度の創設などを含んでおり、多岐にわたるものとなっています。

本書は、会社法改正の過程におけるパブリックコメント手続で意見を表明するなど、法制審議会部会における最新の議論にタイムリーな検討を重ねてきた東京弁護士会法制委員会商事法制部会のメンバーが、議論を重ねて完成させた改正会社法の解説書です。また、会社法関係の実務では、関係法務省令（会社法施行規則・会社計算規則）も重要な役割を果たしますが、本書は、令和２年11月27日に公布された改正法務省令もフォローした最新の実務書となっています。

本書が、より多くの会社実務に関わる弁護士をはじめとする実務家の皆様に活用されることを願ってやみません。

令和３（2021）年１月

東京弁護士会　会長　冨田 秀実

Contents

凡　例

1　本書は、令和元（2019）年法律70号（会社法の一部を改正する法律）本則および附則等について、解説している。

会社法の条文については「会社法」「会」を補わず、そのまま条文を記載している。ただし、今回の改正の対象となった条文について「改正前」、改正後の条文に「改正」と付記した場合がある。ただし、会社法の一部を改正する法律の附則を「附則」と表示し、その解説（Q2）においては、改正の対象となった改正前会社法の条文を「旧法」と表示し、改正後会社法の条文を「新法」と表示した。また、平成26年に成立した会社法の一部を改正する法律（平成26年法律第90号）については、「平成26年改正法」という場合がある。加えて、会社法施行規則を「施行規則」、会社計算規則を「計算規則」と表示した。

2　会社法以外の法令のうち、会社法の一部を改正する法律の施行に伴う関係法律の整備等に関する法律を「整備法」、会社法の一部を改正する法律の施行に伴う関係法律の整備等に関する法律附則を「整備法附則」、社債、株式等の振替に関する法律を「振替法」、会社法の一部を改正する法律の施行に伴う関係法律の整備等に関する法律により改正された社債、株式等の振替に関する法律を「改正振替法」、企業内容等の開示に関する内閣府令を「開示府令」と表示した。

3　指針のうち、コーポレートガバナンス・コードを「CG コード」、『コーポレート・ガバナンスの実践～企業価値向上に向けたインセンティブと改革』の「法的論点に関する解釈指針」を「解釈指針」と表示した。

4　文献、判例集・雑誌の略称については下記を参照されたい。

記

【文　献】

「一問一答」：竹林俊憲編著『一問一答 令和元年改正会社法』（商事法務・2020）

「江頭・株式会社法（第7版）」：江頭憲治郎著『株式会社法（第7版）』（有斐閣・2017）

「江頭編・会社法コンメ16社債」：江頭憲治郎編『会社法コンメンタール16社債』［執筆者］（商事法務・2010）

「神田Ⅰ」：神田秀樹「『会社法制（企業統治等関係）の見直しに関する要綱案』の解説」旬刊商事法務2191号から2198号まで連載（2019）（Ⅰは掲載回を示す）

「参議院会議録」：第200回国会（令和元年）参議院法務委員会会議録

「衆議院会議録」：第200回国会（令和元年）衆議院法務委員会会議録

「第1回～第19回部会議事録」：法制審議会会社法制（企業統治等関係）部会第1回から第19回までの議事録（いずれも法務省のウェブサイトにて公開されている。頁数は同 PDF による）

「対話促進研究会報告書」：経済産業省「持続的成長に向けた企業と投資家の対話促進研究会」報告書（2015）

「竹林ほかⅠ」：竹林俊憲・邉英基・坂本佳隆・蘭牟田泰隆・青野雅朗・若林功晃「令和元年改正会社法の解説」旬刊商事法務2222号から2229号まで連載（2020）（Ⅰは掲載回を示す）

「田中・会社法（第2版）」：田中亘『会社法（第2版）』（東京大学出版会・2018）

「中間試案」：会社法制（企業統治等関係）の見直しに関する中間試案（法制審議会会社法制（企業統治等関係）部会平成30年2月14日）（商事法務2160号所収）（頁数

は法務省のウェブサイトにて公開されているPDFによる）

「**中間試案補足説明**」：法務省民事局参事官室「会社法制（企業統治等関係）の見直しに関する中間試案の補足説明」（旬刊商事法務2160号23-78頁）（頁数は法務省のウェブサイトにて公開されているPDFによる）

「**部会資料1～28-2**」：法制審議会会社法制（企業統治等関係）部会資料1から28-2まで（いずれも法務省のウェブサイトにて公開されている。頁数は同PDFによる）

「**要綱**」：会社法制（企業統治等関係）の見直しに関する要綱（法制審議会平成31年2月14日）（法務省のウェブサイトにて公開されている。頁数は同PDFによる）

【判例集・雑誌】

民録	大審院民事判決録	法時	法律時報
民集	最高裁判所（大審院）民事判例集	判時	判例時報
集民	最高裁判所裁判集民事	判タ	判例タイムズ
高民集	高等裁判所民事判例集	金法	金融法務事情
下民集	下級審裁判所民事判例集	金判	金融・商事判例

1　会社法（企業統治等関係）の改正作業は、どのように行われましたか？

Check　平成26年改正会社法附則25条

Point
① 平成26年改正会社法附則25条に基づく検討をした
② 政府のコーポレートガバナンス改革に対応した
③ 社債管理等の実務的諸課題に対処した

平成26（2014）年改正会社法の施行後２年を経過したため、附則25条によって義務付けられていた、企業統治に係る制度のあり方と所要の措置の要否と共に、コーポレートガバナンス・コード（CG コード）の策定等の政府が成長戦略として打ち出した一連の CG 改革に対応するため、株主総会資料の電子提供制度や取締役の職務執行等に関する改正上の課題に、合わせて、社債管理、組織再編等についての実務的諸課題に対処するために社債管理補助者、株式交付という新制度の創設が検討されました。

解説　Explanation

1　平成26年改正会社法附則第25条に基づく検討

会社法は、平成26（2014）年にコーポレートガバナンス（CG）の強化と親子会社に関する規律等の整備を目的として改正されましたが、その附則25条（検討条項）は、①施行（平成27年５月１日）後２年の経過時に、②社外取締役の選任状況その他の社会経済情勢の変化等を勘案し、③企業統治に係る制度の在り方について検討を加え、④必要と認めるときに、社外取締役を置くことの義務付け等の「所要の措置」を講ずることを定めていました。

平成29（2017）年5月1日に改正法施行後2年が経過したことから、企業統治の制度のあり方について、附則25条に基づく「所要の措置」の要否を検討する必要がありました。このため、法務大臣は、同年2月の法制審議会総会において、①株主総会に関する手続の合理化、②役員に適切なインセンティブを付与するための規律の整備、③社債管理の在り方の見直し、④社外取締役を置くことの義務付けの要否を検討の上、当該規律の見直しを要する場合にはその要綱を示されたいとの諮問104号を行い、会社法制（企業統治等関係）部会（部会長神田秀樹学習院大学教授）が設置されて、審議が行われました。また、これに先立ち、会社法研究会（公益社団法人商事法務研究会、神田秀樹座長）は、平成28（2016）年1月から同29（2017）年2月にかけて、会社法研究者、諸官庁の関係官、経済界、弁護士を委員とし、法務省も参加して会社法改正の諸課題を検討し、平成26年改正会社法附則25条も意識しながら、会社法改正の論点を幅広く検討した上で、一論点と方向性をある程度、絞り込む作業がされました。その結論は、『会社法研究会報告書』（平成29年2月）として公表され、会社法制（企業統治等関係）部会にも参考資料として提出されています。

2　政府のコーポレートガバナンス改革

首相官邸・日本経済再生本部は、アベノミクスの三本目の矢（成長戦略）として、日本企業の収益力を回復するため、CGを強化し、企業経営者による前向きな判断（「攻めの経営」）を後押しする仕組みを導入してきました。

日本再興戦略2014（平成26年6月閣議決定）が打ち出した「CGの強化」を受けて、金融庁・東京証券取引所がコーポレートガバナンス・コード（CGコード）（平成27年6月）を、「持続的な企業価値の創造に向けた企業と投資家との対話の促進」を受けて、経済産業省が「持続的成長に向けた企業と投資家の対話促進研究会報告書」（平成27年4月）を公表しました。その株主総会のあり方検討分科会では、株主総会の合理的な運営という観点から、株主提案権の制限も検討されました。

日本再興戦略改訂2015（平成27年6月閣議決定）は、「攻めのガバナンスの強化」のため、取締役会による経営の監督の実効性を高めることを目的として、経営陣に委任できる業務の範囲や、社外取締役の行為範囲等に関する会社法の解釈指針を作成すること、企業と投資家との建設的な対話を促進することを決めました。これを受けて、経産省のコーポレート・ガバナンス・システムの在り方に関する研究会（CGS研究会）が『コーポレート・ガバナンスの実践～企業価値向上に向けたインセンティブと改革』「法的論点に関する解釈指針」（「解釈指針」）（平成27〔2015〕年7月）を公表しました。解釈指針が提案している役員就任条件や株式報酬の導入は、要綱の項目とされています。また、経産省の『株主総会プロセスの電子化促進等に関する研究会報告書』（平成28〔2016〕年4月）が「株主総会の招集通知関連書類の電子提供の促進・拡大に向けた提言～企業と株主・投資家との対話を促進するための制度整備～」（「電子化提言」）を公表しました。

未来投資戦略2017（平成29年6月閣議決定）は、CG改革による企業価値の向上のために開示情報の充実が必要であり、その環境整備の一環として、株主総会の招集通知添付書類を原則電子提供することについて、法制審議会に設置した部会で検討を行い、結論を得るとしています。

このように、政府の成長戦略とされた政策が取り込まれていることが、今回の改正作業の特徴です。

3　実務的諸課題への対処

上記とは別の動きとして、日本証券業協会の社債市場の活性化に向けたインフラ整備に関するワーキング・グループが、『社債権者保護のあり方について～新たな情報伝達インフラ制度及び社債管理人制度の整備に向けて～』（平成27〔2015〕年3月）を公表し、その法律家会合は、社債要項及び委託契約に基づく社債管理人（社債権者補佐人）制度を提唱しました。この制度は、将来の社債市場の拡大を想定しながら、社債管理者の設置義務がない社債を対象に、発行会社との間の委託契約に基づき、第三者のための契約構成により、社債権者のために、社債管理者よりも限定された権限と責任により社債管理を行うものでした。折しも、最高裁平成28年6月2日判決（最高裁判所裁判例検索）は、アルゼンチン国発行の円建て債券について、管理委託契約によって管理会社に選任された銀行に、第三者のためにする契約構成に基づき、社債権者のための訴訟追行権を認めました。しかし、社債管理人（社債権者補佐人）の権限の明確化が課題となっていたため、法制審部会では、社債管理補助者の新設が検討されました。

更に、政府は、成長戦略の一つとして企業再編を促進することを施策としていましたが、部会では、自社株式を対価とする子会社化を容易にする法的手段として、現物出資構成に代わる株式交付の制度の新設も検討されました。

4　要綱と国会審議

このように、法制審部会の審議は、平成26（2014）年改正法附第25条が義務付けた企業統治のあり方の検討に基づく所要の措置と共に、株主総会資料の電子提供制度等の政府のCG改革への対応と、社債管理等のこの間の実務的諸課題への対処も合わせて検討しました。その結果、法制審議会総会は、部会の作成した要綱案を基に、法務大臣に平成29（2017）年２月に要綱を答申しました。要綱では、所要の措置として、社外取締役を置くことの義務付けを決めたほか、株主総会資料の電子提供制度や、取締役の報酬に関する規律、社債管理補助者、株式交付の各制度の新設が内容とされています。内閣は、要綱に基づいて内閣提出法案として、会社法の一部を改正する法律等を国会に上程し、令和元年12月４日、可決成立しました。

（沖　隆一）

Q2 経過措置は、どのようになりますか？

Check 附則1条～10条

Point
① 原則施行日は公布から1年6か月以内で政令に委任された
② 経過措置については、新法主義が原則とされた
③ 経過措置の例外についても注意が必要である

施行日が経過しても、すべての事案に新法が適用されるわけではありません。会社法改正では、新たに設けたルールをひろく認めること（新法主義）が原則とされていますが、個別の経過措置にも注意することが必要です。

解説 Explanation

1 附 則

法令の本体を成す部分を「本則」といい、法令の付随的事項を規定する部分を「附則」といいます。

「会社法の一部を改正する法律」本則では会社法の一部を改正することが規定されています。これは一部改正法令の本則であるため、改正する法令（本書では会社法：平成17〔2005〕年法律86号）を特定し、その一部を改正する旨を規定する改正文（改正の柱書）と、どの部分をどのように改正するかを規定する改正規定とによって構成されています。改正法が施行されると同時に、本則の改正が行われます。

「会社法の一部を改正する法律」附則では、改正会社法の施行時期及び適用時期が規定されています。法律の附則には、当該法律の施行時期、既

存の法律関係と本則に定められた新しい法律関係との調整などの経過措置、関係法令の改廃等に関する事項が規定されることが多く、本則の後に置かれます。法律については、少なくともその施行時期を定める必要があるため、一般的に附則が設けられます。

2　公　布

法令の「公布」とは、成立した法令を一般に周知させる目的で、一定の方式により一般の国民が知ることのできる状態に置くことをいいます（法制執務研究会編『新訂ワークブック法制執務』ぎょうせい〔第2版、2018年〕34頁）。

会社改正法は、令和元（2019）年12月11日に公布されました。

3　施　行

法令の「施行」とは、法令の規定の効力が一般的、現実的に発動し、作用することになることです（法制執務・前掲34頁）。会社法は社会生活の基本を定める規範ですから、その内容が変更されることは多くの人の社会生活に影響を及ぼします。このような法律の一部改正については、今までの法秩序を破壊しないように配慮しつつ新しい法秩序へと円滑に移行するために周知期間を設ける必要性が高いことから、附則１条本文は「公布の日から起算して１年６月を超えない範囲内において政令で定める日」を原則とし、令和３（2021）年３月１日から施行されます。

１つの法令は一斉に施行されることが素直であるものの、様々な理由から例外を設けることがあります。附則１条ただし書は、電子提供措置等一定の事項について「公布の日から起算して３年６月を超えない範囲内において政令で定める日から施行する」としました。これは、電子提供措置等については体制整備等に時間を要するうえ、その周知にも時間を要することを考慮したものです。

4　経過措置（原則）

法令の「適用」とは、法令の規定が、個別的、具体的に特定の人、特定の地域、特定の事項について、現実に発動し、作用することをいいます

(法制執務・前掲37頁)。適用の時期についても附則で定めるのが通例であり、これを経過規定といいます。

附則2条本文は、「この法律による改正後の会社法の規定(罰則を除く。)は、この附則に特別の定めがある場合を除き、この法律の施行前に生じた事項にも適用する」と規定しています。これは、新法主義を原則としたものです。新法主義は、一般に、既存の事実関係に対しても、旧法の規定により既に当事者間の権利義務関係が具体的に定まっている場合を除いては、より合理的である新法の規定を適用する方が妥当であり、法律関係も簡明になるという理解に基づいて、新法施行前に生じた事項についても新法を適用することを原則とする考え方です。ただし、憲法39条(遡及処罰の禁止(罪刑法定主義の派生原則))との関係で、刑罰法規は新法主義の対象外とされました(附則2条かっこ書に「罰則を除く」と明記されています)。

そして、附則2条ただし書は、「この法律による改正前の会社法の規定によって生じた効力を妨げない」と規定しています。これは、法的安定性にも配慮し、既に旧法によって効力が発生した事項について新法を適用することにより効力を否定することはしないという意味です。このことは、新法主義は一種の遡及適用を認めるものともいえますが、遡及の程度を限定し、適用によりその効果自体を左右するのは施行後の事項に限り、施行前に既に生じた事項の具体的な法的効果を施行後も否定するものではないことを意味します。

なお、以下の用語は附則2条において定義されています。

「新法」とは、「会社法の一部を改正する法律」による改正後の会社法です。

「旧法」とは、「会社法の一部を改正する法律」による改正前の会社法です。

5　経過措置の例外

新法主義を原則としつつ、附則3条ないし10条は、以下のとおり具体的経過措置を定めています。実務では、これらの規定に従い、新法が適用される時期について的確に判断することが必要になります。

(1) 株主提案権に関する経過措置

新法施行前にされた旧法305条1項による請求（議案要領通知請求）については、なお従前の例によります（附則3条）。

「例による」という表現は、個々の規定を特定することなく、ある事項についての制度そのものを包括的に利用して、他の事項について同じような取扱いをしようとする場合に用いられます。「なお従前の例による」という表現は、経過措置において使われることが多く、既存の（旧法による）法律関係に対する当事者の信頼を保護するため、これまでに扱っていたのと同じように扱うことを意味しています。

(2) 代理権を証明する書面等に関する経過措置

新法施行前にされた旧法310条7項、311条4項又は312条5項の請求（議決権行使の代理権を証明する文書・電磁的記録、議決権行使書面・電磁的記録の閲覧請求）については、なお従前の例によります（附則4条）。

(3) 社外取締役の設置義務等に関する経過措置

新法施行の際現に監査役設置会社であって金融商品取引法24条1項によりその発行する株式について有価証券報告書を内閣総理大臣に提出しなければならないものについては、新法327条の2は、新法施行後最初に終了する事業年度に関する定時株主総会の終了のときまでは、適用しません。これは社外取締役を置いていない株式会社について設置義務を猶予する規定です。この場合には、旧法327条の2の場合における理由の開示については、なお従前の例によります（附則5条）。

(4) 補償契約に関する経過措置

新法430条の規定は、新法施行後に締結された補償契約について適用します（附則6条）。

(5) 役員等のために締結される保険契約に関する経過措置

新法施行前に株式会社と保険者との間で締結された保険契約のうち役員等がその職務の執行に関し責任を負うこと又は当該責任の追及に係る請求を受けることによって生ずることのある損害を保険者が塡補することを約するものであって、役員等を被保険者とするものについては、新法430条の3は、適用しません（附則7条）。

(6) 社債に関する経過措置

新法施行前に旧法676条の事項の決定があった場合におけるその募集社債及び新法施行前に会社法238条1項の募集事項の決定があった場合におけるその新株予約権付社債の手続については、新法676条7号の2及び8号の2にかかわらず、なお従前の例によります（附則8条1項）。

新法施行の際現に存する社債であって、社債管理者を定めていないものには、新法676条7号の2に掲げる事項（社債管理者を定めないこと）についての定めがあるものとみなします（附則8条2項）。

新法施行の際現に存する社債券の記載事項については、なお従前の例によります（附則8条3項）。

新法施行前に社債発行会社、社債管理者又は社債権者が社債権者集会の目的である事項について提案をした場合については、新法735条の2は、適用しません（附則8条4項）。

(7) 新株予約権に係る登記に関する経過措置

新法施行前に登記の申請がされた新株予約権の発行に関する登記の登記事項については、新法911条3項12号にかかわらず、なお従前の例によります（附則9条）。

(8) 罰則に関する経過措置

新法施行前にした行為及びこの附則の規定によりなお従前の例によることとされる場合における新法施行後にした行為に対する罰則の適用については、なお従前の例によります（附則10条）。これは、附則2条かっこ書に「罰則を除く」と明記されていること（憲法39条（遡及処罰の禁止））との関係で、刑罰法規は新法主義の対象外となるため、旧法の規定が適用されることを明確にしたものです。

上記経過措置の例外をまとめると、以下のとおりです。

項目	基準時	備考
株主提案権	請求時	附則３条
代理権を証明する書面等	請求時	附則４条
社外取締役の設置義務等	新法施行後最初に終了する事業年度に関する定時株主総会の終結の時	附則５条
補償契約	契約締結時	附則６条
役員等のために締結される保険契約	契約締結時	附則７条
社債１（発行の手続）	募集事項の決定時	附則８条１項
社債２（社債管理者の定め）	施行時	附則８条２項
社債３（社債券の記載事項）	施行時	附則８条３項
社債４（集会の目的事項）	社債権者集会の目的事項の提案時	附則８条４項
新株予約権に係る登記	登記の申請時	附則９条
罰則	施行時	附則10条

（中込　一洋）

3　改正が見送られた論点のうち、重要なものは何ですか？

Point

① 株主による責任追及等の訴え（代表訴訟）提起の制限
② 公開会社における取締役の個人別の報酬等の内容に係る決定の再一任
③ 監査役設置会社の取締役会による重要な業務執行の決定の委任

法制審部会においては、株主による責任追及等の訴えの提起に新たな制限を設けるものとするかどうか議論されましたが、見送られ、当該論点は中間試案にも含まれませんでした。

中間試案で提案された論点のうち、要綱に含まれなかったもので重要なものは次の２つです。

①公開会社における取締役の個人別の報酬等の内容に係る決定の再一任
②監査役設置会社の取締役会による重要な業務執行の決定の委任

なお、要綱で提案されていたものの、立法過程で削除された論点として、目的等による議案の提案の制限（要綱・第１部・第２・２、６頁）がありますが、こちらについては **Q13** を参考にしてください。

解説　Explanation

1　中間試案に含まれなかった論点

法制審部会においては、株主による責任追及等の訴えの中には会社の利益に反すると評価すべきものがあることから、株主による責任追及等の訴えの提起に新たな制限を設けることも検討されましたが、採用されず、当該論点は中間試案にも含まれませんでした。

その理由として、①近年は株主による責任追及等の訴えに係る訴訟の件数が減少していること、②一般予防の観点から責任追及等の訴えに期待される機能の重要性に鑑み、株主による責任追及等の訴えの提起に新たな制限を設けることについては慎重に考える必要があること、並びに、③平成17年の第162回国会に提出された会社法案において、当初、「責任追及等の訴えにより当該株式会社の正当な利益が著しく害されること、当該株式会社が過大な費用を負担することとなることその他これに準ずる事態が生ずることが相当の確実さをもって予測される場合」には、株主は会社に対し責任追及等の訴えの提起を請求することができないものとされていたところ（修正前の第162回国会提出会社法案847条１項２号）、内容が不明確であり、責任追及等の訴えに期待される機能を不当に縮減させてしまう懸念があるという理由により、衆議院において削除されたという経緯があることなどが挙げられています（中間試案補足説明65～66頁）。

なお、法制審部会に先立って会社法改正の論点を整理した会社法研究会においては、ｉ）責任追及等の訴えに係る株主による資料収集、ⅱ）社外取締役の情報収集権、ⅲ）利益供与禁止規定の見直しなども議論されましたが、いずれも中間試案に含まれませんでした。

2　中間試案で提案されたものの要綱に含まれなかった論点

(1)　取締役の個人別の報酬等の内容に係る決定の再一任

本論点は、公開会社において、取締役の個人別の報酬等の内容に係る決定を代表取締役に再一任するためには、株主総会の決議を要するものとする見直しをするか、というものです（中間試案、第２部・第１・１(３)、６～７頁）。

現在の実務では、取締役の個人別の報酬等の額が明らかになることを避けたいことなどから、①株主総会では取締役の報酬等の総額の上限を定めて、取締役の個人別の報酬等の内容に係る決定は取締役会に委任し、②当該委任を受けた取締役会が、さらにその決定を代表取締役に再一任するというケースが少なからず見受けられます。しかし、このような再一任には、代表取締役に取締役の報酬額の決定権を握らせることとなり、取締役会による代表取締役に対する監督に不適切な影響を与えるおそれも認められます。そこで、こうした再一任をする場合には、株主総会の決議による明示の承認を要するものとすべきであるとの指摘がなされ、本論点が議論されました。

中間試案のパブリックコメントでは、株主総会決議を要するという見直しに賛成する意見のほうが多かったものの、実務への影響が大きいことなどから、本見直しは見送られることとなりました。もっとも、改正会社法が再一任の問題を放置したわけではなく、同法の下においては、一定の上場会社や監査等委員会設置会社の取締役会は、定款または株主総会決議によって取締役の個人別の報酬等の内容が定められていない場合は、「取締役の個人別の報酬等の内容についての決定に関する方針」を決定することが求められるに至っています（改正361条７項)。この点の詳細については、**Q14** を参考にしてください。

(２)　監査役設置会社の取締役会による重要な業務執行の決定の委任

この論点については、中間試案では次のように提案されていました（中間試案、第２部・第２・２、11頁)。

> 会社法第362条４項の規定にかかわらず、監査役設置会社の取締役会は、取締役の過半数が社外取締役であることその他の要件を満たす場合には、その決議によって、重要な業務執行（指名委員会等設置会社において、執行役に決定の委任をすることができないものとされている事項を除く。）の決定を取締役に委任することができるものとする。
>
> ※「その他一定の要件」は、例えば、以下の要件のいずれにも該当することとするものとする。
>
> ①会計監査人設置会社であること。
>
> ②取締役会が経営の基本方針について決定していること。
>
> ③取締役会が362条４項６号に規定する体制の整備について決定していること。
>
> ④取締役の任期が選任後１年以内に終了する事業年度のうち最終のものに関する定時株主総会の終結の時までであること。

この論点が提案された背景として、ｉ）現行の会社法では、監査役設置会社の取締役会は重要な業務執行の決定を取締役に委任することができないとされており（362条４項)、監査役設置会社では重要性が低いと思われる事項が取締役会の決議事項として上程されているという弊害の指摘や、ⅱ）監査役設置会社においても社外取締役の選任が進んだ今日、社外取締役は会社の事業内容に必ずしも精通していない場合があるため、社外取締役が取締役会における個別の業務執行の決定に逐一関与しなければならないとすると機動的な業務執行の決定が難しくなる、などの指摘があったことが挙げられます。

中間試案のパブリックコメントでは、こうした改正をするかどうか意見が分かれましたが、改正を不要とするものとして、ⅰ）機動的な業務執行の決定の要請は指名委員会等設置会社や監査等委員会設置会社に移行することで対応できるとの意見や、ⅱ）監査役設置会社においても任意の委員会の設置等によって個別の事情に応じて対応することができているといった意見などが出されて、結局、当該論点に係る見直しは見送られることとなりました。

（3） その他

その他、中間試案で提案された論点のうち、ⅰ）電子提供措置の調査制度、ⅱ）取締役会設置会社における株主提案権の行使要件のうち、300個以上の議決権という持株要件の引上げないしは削除、および行使期限の前倒し、ⅲ）株式会社の代表者の住所が記載された登記事項証明書の取扱い、についても、要綱に含まれることはありませんでした。

このうち、ⅱ）については、中間試案でいずれも今後の検討事項として、「後注」という形で記載されていました（中間試案、第1部・第2・(第2の後注)、5頁)。しかし、中間試案のパブリックコメントでは、ア）300個以上の議決権という持株要件を引き上げたり削除することは、個人株主による株主提案権の行使を過度に制限してしまうおそれがあること、また、イ）株主提案権の行使期限を現行の8週間前よりも前倒しすることについては、今回の会社法改正により電子提供制度が活用されれば、招集通知等の印刷・郵送作業の時間が短縮されるため前倒しは不要であるなどの意見が出され、当該論点に係る改正は見送られています。

なお、上記ⅰ）については**Q10**、上記ⅲ）については**Q43**を参考にしてください。

（植松　勉）

4　株主総会資料の電子提供制度は、電磁的方法による提供とどのように違うのですか？

Check　325条の2（新設）～325条の5（新設）、施行規則95条の2、95条の3

Point
① 定款の定めを必要とし、株主の個別の承諾は必要ない
② 提供方法は、インターネットに限られる
③ 招集通知の特則、書面交付請求の要件等の規律がある

株主総会参考書類等の電子提供措置は、電磁的方法による提供とは異なり、定款の定めにより、株主の個別的承諾なく行うことができます。また、電子提供措置では、提供方法はインターネットに限られ、株主総会招集通知の発送期限は総会日の2週間前までに統一され、その記載事項が簡略化されるなどの特則や、書面交付請求の要件や方法等について規律がなされています。

解説　Explanation

1　電子提供措置の新設と電磁的提供

株主総会の電子提供制度は、書面で交付することが原則とされている株主総会参考資料等をインターネットで提供することにより、印刷や発送に伴う費用や作業を削減することを通して、株主に対し、より早期に充実した情報を提供することを目的としたものです。電磁的方法による株主総会参考書類等の提供は、電磁的方法による招集通知の発送を株主が承諾することを要件としていたため、利用が進んでいませんでした。このことを踏まえ、新設した電子提供措置には、その手続、方法、内容等が、電磁的方

法による発送とは異なるものとされています。

2　電子提供措置の手続

電子提供措置をとるためには、定款の定めを必要とします（325条の２）。上場会社では、株主総会が株主との建設的な対話の場であることを認識し（CGコード原則１－２）、株主総会で株主が適切な判断を行うことに資する情報を必要に応じて的確に提供することが要請されています（同補充原則１－２①）。このように、株主に早期に充実した株主総会情報を提供するという電子提供制度の目的は、上場企業で特に要請されることから、振替株式を発行する会社は、この定款の定めをしならないとされました（振替法159条の２第１項）。ただし、手続をとる会社の負担に配慮し、振替株式を発行する会社は、改正会社法の施行日に、この定款の定めをしたものとみなされます（同法附則10条２項）。電子提供措置をとる旨の定款の定めのある株式会社が、①書面又は電磁的方法による議決権行使を定めた場合、又は、②取締役会設置会社である場合には、電子提供措置をとらなければなりません（325条の３第１項）。電子提供措置をとるために、株主の個別の承諾は必要ありません。

これに対し、電磁的方法によって株主総会参考書類等を提供するためには、定款の定めは必要ありませんが、前提として、会社が、電磁的方法によって株主総会招集通知を発送することを株主が承諾している必要があります（301条２項・302条２項）。電磁的方法による提供の制度は、改正会社法でも存置されています。

3　電子提供措置の方法

電磁的方法（２条34号括弧内）には、「電子情報処理組織を使用する方法その他の情報通信の技術を利用する方法」として、３つの方法（(ｱ)送受信者の電子計算機を電気通信回線で接続し、①送信した情報をファイルに記録する方法（電子メール））、②ファイルに記録された情報を閲覧に供し、ファイルに記録させる方法、(ｲ)情報を磁器ディスク等のファイル（USBメモリー等）に記録し、交付する方法）がある（施行規則222条１項）。電子提供措置は、株主総会情報をインターネットにより提供するものですから、その方法は、電磁的方法である(ア)②のうち、電子広告（施行規則223条）と同じように、インターネットに接続された自動公衆送信装置を使用する方法によるとされています（325条の2、施規95条の2）。

なお、有価証券報告書の提出義務のある株式会社が、電子提供措置開始日までに有価証券報告書を開示用電子情報処理組織（EDINET）を使用して行う場合には、電子提供措置をとることを要しないとされています（325条の3第3項）。これは、有価証券報告書の添付書類として、株主総会参考書類等がインターネットを通して閲覧可能となることを踏まえた措置です。電磁的方法では、このような例外は認められていません。

上場企業等の振替株式を発行する会社は、電子提供措置をとる義務がありますから、株主総会資料は、電磁的方法のうちインターネットによって提供しなければなりません。しかし、振替株式を発行しない会社は、電磁的提供の方法によって招集通知を発送することを承諾した株主に対して株主総会資料を提供する場合には、電磁的方法である3つの方法のうちから選択して利用することが可能です。電磁的方法による提供は、非上場企業の株主総会運営の電子化に活用できます。

4　株主総会招集通知の特則

電子提供措置をとる株式会社では、株主総会招集通知の発送期限は、公開会社だけでなく、公開会社でない会社でも、総会日の2週間前（取締役会設置会社以外の株式会社で、これを下回る期間を定款で定めた場合にはその期間）とされています（325条の4第1項）。これは、電子提供措置開始期間が、総会の3週間前までとされ、株主に早期に情報を提供することを目的としていることから、公開会社でない会社の招集通知の発送期限も総会日の2週間前に早期化したものです。

これに対し、電子提供措置をとらない非公開会社が電磁的方法により招集通知を発送することを承諾した株主に対して招集通知を発送する場合の期限は、総会日の1週間前までとされています（299条1項）。

また、電子提供措置をとる場合の株主総会招集通知の記載事項には特則が定められており、(ア)298条１項５号の事項（施行規則63条に列挙された事項）が除外され、簡略化されると共に、(イ)325条の４第２項各号の事項（電子提供措置をとっている旨などの電子提供に関連する事項）が追加されています（施規95条の３）。招集通知の記載事項から除外された(ア)の事項は電子提供措置事項とされています（325条の３第１項１号）。

これに対し、電子提供措置をとらない非公開会社が電磁的方法により招集通知を発送することを承諾した株主に対して招集通知を発送する場合の記載事項には特則はありません。

5　書面交付請求に関する規律

電子提供措置をとる旨の定款の定めのある株式会社の株主は、電磁提供措置事項を記載した書面の交付を請求することができます（325条の５第１項）。これは、株主に書面交付請求を強行法的に保障したものですが、デジタルデバイドの問題を抱える株主の利益等に配慮することが主要な目的です。従って、電磁的方法により株主総会招集通知を発送することを承諾した株主は、書面交付が請求できないとされています（同項括弧内）。

これに対し、電子提供措置をとらない株式会社においては、電磁的方法により招集通知を発送することを承諾した株主も、書面の交付を請求することができることになっており（301条２項ただし書・302条２項ただし書）、書面の交付を請求する主体について、電子提供措置のような制限はされていません。

また、電子提供措置をとる株式会社の株主の書面交付請求については、(ア)行使期限について、株主総会議決権行使の基準日を定めた会社では、当該基準日までに書面交付請求をした株主だけに交付すれば足りるとされ、(イ)行使方法について、(a)会社に対して直接に請求するほか、(b)振替株式の株主は、直近上位機関（振替口座の口座管理機関）に対してもすることができ、(b)の場合には、130条１項の特則として会社に対して対抗可能とされています（159条の２第２項）。更に、書面交付請求は、有効期間の定めなく有効であることを前提に、その累積を回避するための方策として、書面交付の終了通知及び異議の催告の制度が定められています（325条の５第４項）。これらは、株主の権利と電子提供の促進の両方の調整を図った規律と言えます。

これに対して、電磁的方法による提供の場合にも、株主には請求による書面の交付が保障されていますが、その行使期限や行使方法等について特に規律はされず、解釈に委ねられています。

（沖　隆一）

5　電子提供制度を採用するためには、どのような手続をとりますか？

Check　325条の2（新設）、911条3項12号の2（新設）、社債等振替法159条の2第1項（新設）、整備法10条2項（新設）

Point
① 定款で電子提供措置をとる旨を定める。
② 振替株式発行会社は、施行日に定款変更の決議をしたとみなされる。
③ 電子提供措置をとる旨の定款の定めは、登記事項。

株式会社が株主総会参考書類等について電子提供制度を採用するためには、定款で電子提供措置をとる旨を定めます。ただし、上場会社等の振替株式を発行する会社には電子提供制度の採用が義務づけられ、改正会社法のうち電子提供措置に関する部分の施行日において振替株式を発行している会社は、当該施行日に電子提供措置をとる旨の定款変更決議をしたものとみなされます。

なお、電子提供措置をとる旨の定款の定めは、登記事項とされています。

解説　Explanation

電子提供措置とは、株主がウェブサイトに掲載された情報の内容をインターネットを通じて閲覧することができる状態に置くもので、株主が当該情報の内容を印刷することや当該情報を自己の使用するパソコン等に保存することができるものをいいます（改正325条の2・改正施行規則95条の2）。詳しくは **Q4** を参照して下さい。この電子提供措置をとる手続は、以下のとおりです。

1　定款の定め

株主総会参考書類等（株主総会参考書類、議決権行使書面、計算書類及び事業報告、連結計算書類）について電子提供措置をとるためには、定款で電子提供措置をとる旨を定めます（改正325条の2）。

定款で定めることが必要とされたのは、株主総会参考書類等を電子提供ではなく書面で提供を受けたい株主が書面交付請求（改正325条の5第1項）をできるように、会社が電子提供制度を利用するかどうかについて明らかにする必要があることや、公告方法として電子公告を選択するためには定款で定めることが必要とされていること（939条1項3号）との均衡も考慮したこと、将来株主となる者を拘束する必要があることによるものです（中間試案補足説明2頁）。

そして、当該定款の定めは、電子提供措置をとる旨を定めれば足りるとされています（改正325条の2後段）。これは、電子提供措置事項に係る情報を掲載するウェブサイトのアドレスまでを定款で定めることは不要であることを明らかにしたものです。

2　振替株式発行会社（上場会社等）の例外

振替株式を発行する会社には電子提供措置をとる旨を定款で定めることが義務付けられ（改正振替法159条の2第1項）、令和元年改正会社法のうち電子提供措置に関する部分の施行日（改正法附則1条ただし書）において振替株式を発行している会社は、当該施行日に電子提供措置をとる旨の定款変更決議をしたものとみなされます（整備法10条2項）。

振替株式発行会社に、電子提供措置に係る定款規定を設けることが義務づけられたのは、振替株式発行会社である上場企業は、株主に対する情報提供を高度化するような取組みを積極的にすべきであり（中間試案補足説明3頁）、CGコードにおいて、「株主総会が株主との建設的な対話の場であることを認識し、株主の視点に立って、株主総会における権利行使に係る適切な環境整備を行うべきである」とされ（原則1－2）、「株主総会において株主が適切な判断を行うことに資すると考えられる情報については、必要に応じ適確に提供すべきである」とされていることによるものです（補充原則１－２①)。また、振替株式発行会社が一律に電子提供制度をとるものとすれば、株主は、当該株式会社がどのような株主総会資料の提供方法をとっているかを逐一確認する必要がなくなるので、株主にとって分かりやすく、上場株式の流通性にも資すると考えられるからです（部会資料２・11～12頁)。

もっとも、特別決議事項である定款変更の決議を全ての振替株式発行会社に義務づけることは会社に過重な負担を強いることになり、経済界からも、各上場会社等（振替株式発行会社）において定款変更の株主総会決議を要求されると電子化が進まないことになりかねないとの意見が出されたため、定款変更決議のみなし規定が設けられました。

なお、当該みなし規定により定款の変更決議をしたものとみなされた会社が、電子提供措置の施行日から６か月以内を会日とする株主総会の招集手続を行う場合は、電子提供措置に関する規定は適用しないという経過措置がおかれています（整備法10条３項)。また、電子提供措置に関する部分の施行日より後に株式を上場するなどして振替株式発行会社となる場合には、このみなし規定は適用されず、電子提供措置をとる旨の定款変更決議が必要です。

みなし規定の適用を受けた場合は、実際に定款を書き換えなくても当然に当該変更の効力が生じますが、実務上は、定款の記載を改めて、みなし決議の内容を反映させておくべきでしょう。

定款変更決議のみなし規定については、平成21年の株券電子化の際にも採用された前例があります（株式等の取引に係る決済の合理化を図るための社債等の振替に関する法律附則６条１項)。

3　その他

電子提供措置をとる旨の定款の定めがあるときは、その定めを登記する必要があります（改正911条３項12号の２)。定款について、みなし変更される会社であっても、登記については申請行為をすることが必要です（整備法10条４～６項)。

なお、電子提供制度を採用する会社（電子提供措置をとる旨の定款の定めを設けた会社）であっても、一部の会社では、実際に当該措置をとるかどうかはなお任意とされています（改正325条の3第1項参照）。電子提供措置をとることが義務づけられる場合については、**Q6**を参照してください。

（稗田　さやか）

Q 6 電子提供制度をとる旨の定款の定めがある会社が電子提供措置をとらなければいけないのはどのような場合ですか？

Check 325条の3（新設）

Point
① 取締役会設置会社または書面投票（電子投票）制度採用会社
② 議決権行使書面を交付する場合の特例がある
③ EDINET を使用する場合の特例がある

電子提供措置をとる旨の定款の定めがある株式会社において、電子提供措置をとらなければいけないのは、①書面又は電磁的方法による議決権行使を定めた場合、または②取締役会設置会社である場合です（改正325条の3第1項・299条2項）。

もっとも、取締役が株主総会招集通知に際して、株主に対し議決権行使書面を交付するときは、議決権行使書面に記載すべき事項については、電子提供措置をとる必要はありません（改正325条の3第2項）。

また、発行する株式について有価証券報告書の提出義務のある株式会社が、電子提供措置開始日までに、電子提供措置をとるべき事項（改正325条の3第1項各号）のうち定時株主総会に係るもの（議決権行使書面に記載すべき事項を除く。）を記載した有価証券報告書の提出の手続を開示用電子情報処理組織（以下「EDINET」）を使用して行う場合は、当該事項について電子提供措置をとる必要はありません（同条3項）。

解説 Explanation

1 電子提供措置が義務付けられる場合

電子提供措置をとる旨の定款の定めがある株式会社であっても、電子提供措置を実際にとるかどうかはなお任意ですが、当該会社が、①書面または電磁的方法による議決権行使を定めた場合、または②取締役会設置会社である場合には、電子提供措置をとることが義務付けられます（改正325条の3第1項・299条2項）。

これは、上記①及び②の場合には、（定時）株主総会の招集の通知に際して、書面又は電磁的方法によって一定の事項に係る情報を提供することが求められるところ（299条2項～4項・301条・302条・437条・444条6項）、こうした情報については電子提供措置をとることが相当と考えられることによります（中間試案補足説明4頁）。

なお、上場会社の場合は、振替株式を発行していることから電子提供措置をとる旨を定款で定めなければならず（改正振替法159条の2第1項）、かつ、公開会社であることから取締役会の設置が求められるため（327条1項1号）、結局、電子提供措置をとることが義務付けられることとなります。

2 例 外

もっとも、電子提供措置の強制について、以下の特例が設けられています。

（1） 議決権行使書面を交付する場合

取締役が株主総会の招集の通知に際して、株主に対し議決権行使書面を交付するときは、議決権行使書面に記載すべき事項については、電子提供措置をとる必要はありません（改正325条の3第2項）。

これは、議決権行使書面の記載事項には、株主の氏名・名称及び行使することができる議決権数が含まれ（施行規則66条1項5号）、これらについて常に電子提供措置をとらなければならないとすると、全ての株主のこうした情報をウェブサイトに掲載しなければならず、特に株主数が多い会社では事務負担が過大になるなどして適当でないと考えられるからです。もっとも、システム上の工夫などによって、議決権行使書面に記載すべき事項に係る情報について電子提供措置をとることが禁止されるわけではないため（中間試案補足説明4～5頁）、会社は、議決権行使書面については、電子提供措置をとるか書面で交付をするかについて、選択が可能です。選択にあたっては、上記で述べた事務負担のほかに、①一定の投票率を確保するためにはどちらの方法が適当か、②議決権行使書面に記載するべき事項を電子提供したとしても、会社が電子投票制度（298条1項4号）を採用していない限り、株主が実際に投票する際には紙媒体への印刷が必要になることなどについて、考慮するとよいでしょう。

（2） EDINETを使用して有価証券報告書を提出する場合

発行する株式について有価証券報告書の提出義務のある株式会社が、電子提供措置開始日までに、電子提供措置をとるべき事項（改正325条の3第1項各号）（定時株主総会に係るものに限り、議決権行使書面に記載すべき事項を除く。）を記載した有価証券報告書の提出の手続をEDINETを使用して行う場合は、当該事項について電子提供措置をとる必要はありません（同条3項）。有価証券報告書への記載は、必ずしも有価証券報告書本体になされる必要はなく、添付書類や訂正報告書における記載でも足りるとされています（ちなみに、事業報告と計算書類は、有価証券報告書の添付書類とされています＝開示府令17条1項1号ロ）。この特例は、有価証券報告書の事前提出制度（平成21年12月31日以降に終了する事業年度に係る有価証券報告書から、定時株主総会前に提出することができるようになりました（開示府令17条1項1号ロ）。）を利用するものです。

また、この特例は、事業報告及び計算書類と有価証券報告書を一体的に開示する取組みとも共通するものです。定時株主総会の前に事業報告及び計算書類と有価証券報告書が一体的に開示される場合には、通常の定時株主総会招集通知に比べてより豊かな情報が提供されることになり、株主が議決権行使をするにあたり有用といえますし、EDINETは電子開示システムとして幅広く利用されているため、EDINETの使用が認められることは、会社及び投資家の双方にとって利便性が高いといえるでしょう。

なお、EDINETを使用して有価証券報告書を提出した場合（改正325条の

3第3項)、電子提供措置の中断の規定（改正325条の6）は適用されません。これは、EDINETは電子提供制度とは別に国によって運用されているシステムですし、EDINETを使用する場合は、各会社が自社のホームページ上に電子提供措置事項を掲載する場合に比べて、アクセスできない状態(中断)が生じるおそれは類型的に小さいと考えられることによるものです(部会資料19・9頁)。

(稗田　さやか)

7　電子提供措置は、どのようにしてとりますか？

Check　325条の2（新設）、325条の3（新設）、施行規則95条の2（新設）

Point
① 電子提供措置期間中は、継続して電子提供措置をとる。
② 株主総会の招集に際し交付・提供される資料の情報が対象。
③ ②の情報を自社のホームページ等のウェブサイトに掲載。

電子提供措置を利用するには、電子提供措置をとる旨の定款の定めが必要となります（改正325条の２）。

取締役は、株主総会の日の３週間前の日または株主総会の招集通知を発した日のいずれか早い日から、株主総会の日後３か月を経過する日までの間（電子提供措置期間）、継続して電子提供措置をとらなければなりません（改正325条の３第１項）。

対象となる情報は、株主総会の招集通知と当該通知に際して交付・提供される資料の内容である情報で、こうした情報を自社のホームページ等のウェブサイトに掲載し、株主が閲覧及び自己の使用するパソコン等に保存することができるようにします（改正325条の２・改正施行規則95条の２）。

解説　Explanation

1　電子提供措置をとる旨の定款の定め

まず、電子提供措置を利用するには、電子提供措置をとる旨の定款の定めが必要となります（改正325条の２）。これは、株主の利益を保護し、将来株主となる者を拘束するために求められるものです（**Q5** 参照）。

2　電子提供措置期間

（1）　電子提供措置を利用する場合

電子提供措置をとる旨の定款の定めがある株式会社において電子提供措置を利用する場合、取締役は、株主総会の日の３週間前の日または株主総会の招集通知を発した日のいずれか早い日（電子提供措置開始日）から、株主総会の日後３か月を経過する日までの間（電子提供措置期間）、継続して電子提供措置をとらなければなりません（改正325条の３第１項）。

（2）　電子提供措置開始日について

電子提供措置開始日については、会社の実務に配慮する一方、株主に対してできる限り早く情報開示をして、議決権行使のための考慮期間を確保する必要があること、及び、電子提供措置においては株主総会参考書類等の印刷や郵送をする期間を考慮する必要がないことから、株主総会の招集通知の発送期限（299条１項）よりも前倒しがされました。また、株主が株主総会の招集通知を受領した後は、直ちに電子提供されている株主総会の資料の内容である情報について閲覧等をできるようにしておくことが株主にとって便宜であることから、株主総会の日の３週間前の日よりも、株主総会の招集通知を発した日の方が早い場合には、同日に電子提供措置を開始するものとしています。

なお、令和元年６月に株主総会を開催した上場会社のうち株主総会の日の３週間以上前に株主総会の招集通知を発送又はウェブ開示する会社は少なくありません（商事法務研究会編「株主総会白書2019版」（旬刊商事法務2216号70～72頁）等を参照）。

また、パブリックコメントでは、電子提供措置開始日を「株主総会の４週間前の日又は株主総会の招集通知を発した日のいずれか早い日」とする中間試案における案に賛成する意見も機関投資家等を中心に多かったことから、法制審議会の部会の付帯決議では、「株主総会資料の電子提供制度に関する規律については……金融商品取引所の規則において、上場会社は、株主による議案の十分な検討期間を確保するために電子提供措置を株主総会の日の３週間前よりも早期に開始するよう努める旨の規律を設ける必要がある」とされています（法制審議会第183回会議議事録７頁、10頁、配布資料２

－2)。

(3) 電子提供措置の終了

電子提供措置の終了を株主総会の日後3か月としたのは、電子提供措置事項に係る情報は株主総会の決議の取消しの訴えにおいて証拠等として使用される可能性があるため、株主総会の決議の取消しの訴えの出訴期間(831条1項1文)が経過するまでは、ウェブサイトに掲載されていることが必要であると考えられたことによるものです(中間試案補足説明6頁)。

3 対象となる情報

電子提供の対象となる情報は、次の事項(電子提供措置事項)に係る情報です(改正325条の3第1項)。

①株主総会の招集通知に記載すべき事項(298条1項各号)

②株主総会に出席しない株主が書面によって議決権を行使することができることを定め(298条1項3号)、株主に対し株主総会参考書類及び議決権行使書面を交付する場合には(301条1項)、これらに記載すべき事項

③株主総会に出席しない株主が電磁的方法によって議決権行使をすることができることを定め(298条1項4号)、株主に対して株主総会参考書類を交付する場合には(302条1項)、これに記載すべき事項

④株主から議案要領通知請求(305条1項)があった場合に、株主に通知すべきその議案の要領

⑤取締役会設置会社である場合、定時株主総会を招集する際に提供する計算書類及び事業報告(監査報告・会計監査報告を含む)(437条)に記載され、又は記録されるべき事項

⑥会計監査人設置会社かつ取締役会設置会社である場合、定時株主総会を招集する際に提供する連結計算書類(連結計算書類に係る会計監査報告・監査報告も、その内容を株主に対して提供することを定めたときは含まれる。444条6項・計算規則134条2項)に記載され又は記録されるべき事項

⑦上記①～⑥に掲げる事項を修正したときは、その旨及び修正前の事項

上記①～⑥は、株主総会の招集の通知に際して交付・提供される資料に係る事項で、これらに係る情報については電子提供措置によって株主に提

供されることが相当であると考えられることから、電子提供措置の対象とされたものです。

上記②のとおり、電子提供措置事項には、議決権行使書面に記載すべき事項も含まれますが、議決権行使書面が交付されるときは、そこに記載すべき事項に係る情報については電子提供する必要がありません（改正325条の３第２項）。

上記⑦について、電子提供措置による修正も無制限ではなく、修正が許されるかどうかは、修正を要する事項や修正の内容の重要性等により判断されるべきであり、誤記の修正や電子提供措置の開始後に生じたやむを得ない修正等であって、内容の実質的な変更とならないものに限られると解されます（一問一答30頁）。このことは、株主総会参考書類、事業報告、計算書類及び連結計算書類についてウェブ上での修正が認められているところ（施行規則65条３項・133条６項、計算規則133条７項・134条７項）（いわゆるウェブ修正）、このようなウェブ修正の方法による修正は無制限にできるものではないと解されていることと同様です（部会資料２・４頁、中間試案補足説明６頁）。

なお、電子提供措置事項の修正については、株主総会後も可能であることが答弁されています（参議院会議録９号11頁小出民事局長答弁）。

4　電子提供措置の方法

電子提供措置としては、電子公告の方法に準じて、株主が、ウェブサイトに掲載された情報の内容をインターネットを通じて閲覧することができるもので、当該情報の内容を印刷することや、当該情報を自己の使用するパソコン等に保存することができるものとされています（改正施行規則95条の２・222条１項２項）。

なお、電子提供措置は株主に対する提供措置ですから、電子公告とは異なり、株主以外の者が閲覧できない措置をとることも許されます。

（稗田　さやか）

8　電子提供措置をとる場合の株主総会招集通知は、どのようになりますか？

Check　325条の4（新設）、施行規則95条の3（新設）

Point
① 招集通知発出は非公開会社でも株主総会の日の2週間前まで
② 記載事項は、電子提供措置をとっている旨など
③ 株主総会招集通知に際し株主総会参考書類等の交付・提供は不要

電子提供措置をとる場合、公開会社であるか否かにかかわらず、取締役は、株主総会の招集通知をその開催日の2週間前までに株主に対して発出しなければなりません（改正325条の4第1項）。

電子的提供措置をとる場合の株主総会招集通知の記載事項は、開催日時・場所、議題、書面投票・電子投票関係の事項に加え、①電子提供措置をとっている旨（EDINETの特例を利用したときは、その旨）、②電子提供措置に係るウェブサイトのアドレス等とされています（同条2項・改正施行規則95条の3第1項）。

電子提供措置をとる旨の定款の定めがある株式会社の取締役は、株主総会の招集の通知に際して、株主に対し、株主総会参考書類等の交付または提供をする必要はありません（改正325条の4）。

解説　Explanation

1　総会招集通知の発出期限

電子提供措置をとる場合、公開会社であるか否かにかかわらず、取締役は、株主総会の招集通知をその開催日の２週間前までに株主に対して発出しなければなりません（改正325条の４第１項）。

電子提供措置をとる場合でなければ、株主総会の招集通知の発出期限は、①公開会社は株主総会の日の２週間前、②書面投票・電子投票制度を採用していない非公開会社は株主総会の日の１週間前まで（当該非公開会社が取締役会設置会社以外の株式会社の場合は、これを下回る期間を定款で定めたときはその期間の前まで）とされています（299条１項）。

これに対し、電子提供措置をとる場合には、公開会社であるか否かにかかわらず、一律に株主総会の日の２週間前までとされました。これは、株主総会資料の電子提供を利用することが想定されるのは類型的に不特定多数の株主が存在する公開会社であることや、公開会社と非公開会社とで異なる発送期限とすると規律が複雑になることなどによるものです。

電子提供制度を採用する会社における株主総会招集通知の発出期限を現行法よりも早めるかどうか、あるいは、当該発出日と電子提供措置を開始するタイミングをそろえるかどうかについては、法制審議会の部会の審議やパブリックコメントでも意見が分かれましたが、最終的には、招集通知の発出期限は株主総会の日の２週間前まで、電子提供措置の開始は株主総会の日の３週間前までとすることでまとまりました。

なお、電子提供措置をとる場合でも、書面投票・電子投票制度を採用している会社または取締役会設置会社では、従前どおり、株主総会の招集通知は書面で発出しなければなりませんが（299条２項）、株主の個別の承諾を得たときは、書面での発出に代えて、電磁的方法（電子メール等）により株主総会招集通知を発出することができます（同条３項）。

2　株主総会招集通知の記載事項

電子提供措置をとる場合、株主総会の招集通知の記載事項は次のとおりです（改正325条の４第２項・298条１項１号ないし４号）。

①株主総会の日時及び場所（298条１項１号）

②株主総会の目的事項（同項２号）

③株主総会に出席しない株主が書面または電磁的方法によって議決権行使をすることができることとするときにはその旨（同項３号４号）

④電子提供措置をとっているときはその旨（改正325条の４第２項１号）

⑤④に代えて定時株主総会前に一定の電子提供措置事項を記載した有価証券報告書の提出の手続をEDINETを使用して行ったとき（改正325条の３第３項）はその旨（改正325条の４第２項２号）

⑥電子提供措置に係る情報を掲載するウェブサイトのアドレス等や、上記⑤の場合にEDINETにおいて当該有価証券報告書を閲覧するためのアドレス等（同項・改正施行規則95条の３第１項１号２号）

電子提供措置をとる場合に株主総会招集通知に記載することが不要となる事項は、改正施行規則63条が定める事項（書面または電磁的方法による議決権行使を定めた場合には株主総会参考書類に記載すべき事項や電子提供措置事項記載書面に記載しないものとする事項等、代理人による議決権行使に関する事項等）です（改正325条の４第２項・298条１項５号）。電子提供措置をとる場合において、株主総会招集通知に記載すべき事項が多くなると、招集通知の印刷や郵送に要する費用が過大となるおそれがあることから、株主総会招集通知への記載・記録事項は、株主がウェブサイトにアクセスすることを促すために重要と考えられる事項に限定されています。

3　株主総会参考書類等の交付又は提供が不要

電子提供措置をとる旨の定款の定めがある株式会社においては、取締役は、株主総会の招集の通知に際して、株主に対し、株主総会参考書類等の交付または提供をする必要はありません（改正325条の４第３項。301条１項・302条１項・437条・444条６項の特則。）。電子提供措置をとる旨の定款の定めがある株式会社で、電子提供措置が義務付けられる会社は、これまでの規律によると、株主総会参考書類等の交付・提供を求められますが（改正325条の３第１項・299条２項各号・301条１項・302条１項・437条・444条６項）、電子提供措置の制度は、株主総会参考書類等の交付または提供に代えて、これらに係る情報を継続してインターネット上で提供する制度であることによるものです。

4　株主の議案要領通知請求権

電子提供措置をとる旨の定款の定めがある会社においては、株主は、取締役に対し、自己が提出しようとする議案の要領について、電子提供措置をとることによる通知を請求することができます（改正325条の4第4項・305条1項本文）。

（稗田　さやか）

9 株主の書面交付請求権は、どのように保障されますか？

Check 325条の5、振替法159条の2第1項（新設）

Point

① 株主は、議決権行使基準日までに書面交付請求を行う
② 振替株式発行会社の株主は、口座管理機関を経由して請求できる
③ 会社は、書面交付請求を受けてから1年経過後、株主に対して終了の通知、異議の催告をすることができる

1　株主総会参考書類等の内容である情報について電子提供措置をとる旨の定款規定がある会社の株主は、会社に対し、電子提供措置事項を記載した書面の交付を請求することができます（以下「書面交付請求」といいます。）。振替株式発行会社の株主は、その直近の上位機関（振替口座の口座管理機関）を経由して書面交付請求をすることも可能です（改正振替法159条の2第1項）。

2　取締役は、電子提供措置をとる場合には、書面交付請求をした株主に対し、株主総会の招集の通知に際して、電子提供措置事項を記載した書面を交付しなければなりません。

3　書面交付請求の日から1年が経過したとき、会社は、書面交付請求をした株主に対して書面交付の終了を通知し、異議がある場合は一定の期間内に異議を述べるよう催告することができます。書面交付請求は、終了の通知および異議の催告を受けた株主が異議を述べた場合を除き、催告期間が経過した時に失効します。

解説 Explanation

1 背景

(1) 書面交付請求の目的

会社は、定款で株主総会参考書類等の内容である情報について、電子提供措置を採用できることとなりました(改正325条の2)。

電子提供措置は、取締役が株主総会参考書類等の内容である情報をウェブサイトに掲載し、株主に対してウェブサイトのアドレス等を書面により通知することで、「株主の個別の承諾なく」、株主に対して株主総会参考書類等を適法に提供したとする制度です。

会社は、「株主の個別の承諾なく」電子提供措置を採用できることから、インターネットの利用が困難な株主などの利益を保護するため、書面交付請求権が定められました。もっとも、株主総会招集通知の電磁的方法による発送を承諾した株主は(299条3項)、類型的に保護の必要性が低いと考えられることから、書面交付請求を行うことができないとされました(改正325条の5第1項)。

(2) 強行法的保障

会社法改正の検討過程では、会社に対して書面交付請求をした株主が、書面の交付が必要なくなったときでも、書面交付請求の撤回を行わず、結果として、書面交付請求が累積して電子提供措置の意義が減殺されるのではないかとの懸念から、書面交付請求権を定款で排除できるとすることも検討されました。

しかし、米国、カナダなどでも書面交付請求権を強行法的に保障した中で電子提供が進んでいること、定款(多数決)で株主の権利である書面交付請求権を奪うことは適切ではないとの指摘などを受け、改正法においても、書面交付請求権は定款では排除できないものとされました。

もっとも、書面交付請求が累積することへの懸念への対応として、後記**4**記載の書面交付を終了する旨の通知および催告の制度が設けられました(改正325条の5第4項)。

2　株主に交付される書面の内容、株主に対する通知

取締役は、書面交付請求をした株主に対し、電子提供措置事項を記載した書面（「電子提供措置事項記載書面」（施行規則63条3号ト））を交付しなければなりません（改正325条の5第2項）。これは、電子提供措置事項を記載した有価証券報告書の提出手続をEDINETを使用して行う場合も、同様です（改正325条の3第3項）。

（1）　株主に交付される書面の内容

電子提供措置事項については、改正会社法325条の3第1項が規定しています。ただ、会社は、電子提供措置事項のうち、法務省令で定めるものは、電子提供措置事項記載書面に記載することを要しないと定款で定めることができます（改正325条の5第3項）。具体的には、次のとおりです。

(ア)　株主総会参考書類に記載すべき事項　　株主総会参考書類に記載すべき事項は、議案、および、株主に対して交付する書面に記載しないことについて監査役などが異議を述べている事項を除き、電子提供措置事項記載書面に記載を要しないと定めることができます（施行規則95条の4第1項1号）。

(イ)　事業報告書に記載または記録された事項　　電子提供措置事項記載書面に記載を要しないとできる事項は、ウェブ開示によるみなし提供制度での対象事項とほぼ同じです。

ただし、取締役、監査役、会計参与、監査役と会社との間で改正会社法427条1項の契約を締結しているときの契約の内容の概要（取締役などの監査役職務の執行の適正性が損なわれないようにするための措置を講じている場合にはその内容を含む）が記載することを要しない事項から除外されています（施行規則95条の4第1項2号）。

(ウ)　計算書類に記載または記録された事項　　電子提供措置事項記載書面に記載を要しないとできる事項は、株主資本変動計算書または個別注記表に係るものに限るとされています（施行規則95条の4第1項3号）。

(エ)　連結計算書類　　電子提供措置事項記載書面に記載を要しないとできる事項は、連結株主資本等変動計算（計算規則61条1号ハ）、連結注記表に係るもの（同号ニ）にかかるものまたはこれらに相当するものに限るとされています（施行規則95条の4第1項4号）。

（2）　株主に対する通知

事業報告、計算書類、連結計算書類に記載または記録された事項の全部または一部を電子提供措置事項記載書面に記載しないとき、監査役等が監査報告または会計監査報告を作成するに際して監査した書類に記載または記録された事項の一部である旨を株主に通知すべきことを請求したときは、取締役は、その旨を株主に通知しなければなりません（施行規則95条の4第2項）。

3　書面交付請求の手続

（1）　会社に対する書面交付請求

書面交付請求をできる株主は、書面交付を求める会社ごとに、会社（株主名簿管理人）に対して書面交付請求を行います（改正325条の5）。

会社が振替株式発行会社である場合にも、株主が会社に対して書面交付請求を行うときに、個別株主通知（振替法154条）は必要ありません。これは、書面交付請求は、議決権の行使と密接に関連する権利であるため、「少数株主権等」（振替法147条4項）に該当しないためです。

（2）　口座管理機関に対する請求手続

振替株式発行会社の株主は、直近上位機関（振替口座の口座管理機関）を経由して書面交付請求を行うこともできます。口座管理機関に対する書面交付請求は、株主名簿への記載等を会社への対抗要件とする会社法130条1項にかかわらず、すなわち、総株主通知（振替法151条1項）に基づき基準日株主として株主の記載または記録がされる前であっても、有効です（振替法152条・改正振替法159条の2第2項）。

（3）　議決権行使基準日までの書面交付請求

取締役は、株主総会招集通知（299条1項）を発する際に、書面交付請求をした株主（議決権行使基準日（124条1項）を定めた場合はその基準日までに書面交付請求をした株主）に対し、電子提供措置事項を記載した書面を交付しなければなりません（改正325条の5第2項）。したがって、議決権行使基準日（124条1項）が定められている場合、株主は、その基準日までに書面交付請求をすることが必要です。

臨時株主総会は、基準日公告（124条２項）はされるものの、議決権行使基準日を株主が事前に知りえないことも考えられます。しかし、書面交付請求は、その後のすべての株主総会についての書面交付請求として効力を有します。したがって、書面交付請求後の臨時株主総会についても、書面の交付を受けることができます。

4　書面交付を終了する通知および催告

すでに述べたとおり、株主は、いつでも書面交付請求をすることができ、その書面交付請求はその後のすべての株主総会について効力を有します。ただ、書面の交付を必要としなくなった株主が、過去に行った書面交付請求を撤回しない可能性があります。このような場合、電子提供制度の意義が損なわれてしまいかねないことから、以下の終了通知および異議催告の制度が設けられました（改正325条の５第４項）。

（1）　書面交付請求日から１年が経過した場合

会社は、書面交付請求をした株主に対し、その書面交付請求の日から１年を経過したときに、書面の交付を終了することを通知し、かつ、異議がある場合には催告期間（１か月以上）に異議を述べるよう、催告をすることができます（325条の５第４項）。催告期間は、１か月以上であることが必要です。

（2）　株主が異議を述べなかった場合

書面交付の終了の通知および異議の催告を受けた株主が催告期間に異議を述べなかった場合、その株主がした書面交付請求は、催告期間の経過により失効します（325条の５第５項本文）。なお、株主が催告期間に異議を述べずに書面交付請求が効力を失った場合でも、その株主が改めて書面交付請求をすることは妨げられないとされています（「一問一答」39頁）。

（3）　株主が異議を述べた場合

書面交付の終了の通知および異議の催告を受けた株主が催告期間内に異議を述べたときは、その株主のした書面交付請求は効力を失わず、有効に継続します（325条の５第５項ただし書）。

もっとも、株主が異議を述べた日から１年を経過したときは、会社は、その株主に対し、別途、書面交付の終了の通知および異議の催告をすることができます（改正325条の5第4項）。

（大橋　美香）

10 電子提供措置の中断が救済される要件は、どのようなものですか？

Check　325条の6（新設）

Point	① 会社の善意かつ無重過失、または、正当事由の存在 ② 電子提供措置の中断が生じた時間の合計が一定期間の10分の1を超えないこと ③ 当該中断を知った後の会社による速やかな一定の措置

1　電子提供措置の中断とは、電子提供措置期間中に株主が提供を受けることができる状態におかれた情報が、提供を受けることのできない状態になったこと、または、当該情報がその状態に置かれた後に改変されたことをいいます（改正325条の６）。

2　電子提供措置の中断は、次のいずれにも該当するとき、電子提供措置の効力に影響を及ぼさないとされました（356条の６第１ないし４号）。

①電子提供措置の中断が生じることについて、会社が善意でかつ重大な過失がないこと又は会社に正当な事由があること

②電子提供措置の中断が生じた時間の合計が電子提供措置期間の10分の１を超えないこと

③電子提供措置開始日から株主総会の日までの期間中に電子提供措置の中断が生じたときは、当該期間中に電子提供措置の中断が生じた時間の合計が当該期間の10分の１を超えないこと

④会社が電子提供措置の中断が生じたことを知った後速やかに、その旨、電子提供措置の中断が生じた時間、電子提供措置の中断の内容について当該電子提供措置に付して電子提供措置をとったこと

3　定時株主総会について、電子提供措置日までに電子提供措置事項（議

決権行使書面に記載すべき事項を除く）を記載した有価証券報告書をEDINETを使用して提出した場合、会社は、電子提供措置をとる必要がなくなります（325条の3第3項）。したがって、電子提供措置の中断の問題は生じません（325条の3第3項）。

解説　Explanation

1　背　景

電子提供措置を取る場合、取締役は、電子提供措置期間、株主総会参考書類等の内容である情報を、「継続して」、電磁的方法により株主が情報の提供を受けることができる状態におく措置（電子提供措置）をとらなければならないとされています（改正325条の3）。

したがって、電子提供措置期間中に、ウェブサイトのサーバーに問題が生じるなどして、株主が提供を受けることができる状態におかれた情報が、①株主が提供を受けることができない状態になったとき、または、②その後に当該情報が改変された場合（電子提供措置の中断）、電子提供措置に必要な「継続して」の要件（325条の3第1項）を満たさず、株主総会決議の取消事由となる可能性が生じます（831条1項1号）。

もっとも、株主総会決議取消訴訟が提起された場合においても、電子提供措置の中断が「重大でなく、かつ、決議に影響を及ぼさない」として、裁判所により棄却される余地もあります（831条2項）。しかし、株主総会決議取消しの影響の大きさを考えた場合、個別具体的な判断である裁量棄却による救済だけでは、法的安定性を欠きます。

そこで、一定の場合には電子提供措置の効力に影響を生じないとする電子提供措置の中断に関する救済規定が設けられました。

2　電子提供措置の中断に関する救済措置

(1)　要　件

電子提供措置の中断が生じた場合であっても、次のいずれの要件も満たす場合、電子提供措置に影響は生じないとされます（356条の6第1～4号）。

①「電子提供措置の中断が生じること」に、会社が善意でかつ重大な過失がないこと、又は、会社に正当な事由があること
②電子提供措置の中断が生じた時間の合計が、電子提供措置期間の10分の1を超えないこと
③電子提供措置開始日から株主総会の日までの期間中に電子提供措置の中断が生じたときは、当該期間中に電子提供措置の中断が生じた時間の合計が当該期間の10分の1を超えないこと
④会社が電子提供措置の中断が生じたことを知った後速やかに、ⓐ電子提供措置に中断が生じたこと、ⓑ電子提供措置の中断が生じた時間、ⓒ電子提供措置の中断の内容を電子提供措置に付して電子提供措置をとったこと

①、②、④は、平成16年商法改正で新設された電子公告の救済規定を参考に設けられました（940条3項1号ないし3号）。

これに対し、③は、電子公告の救済規定に対応する規定はありません。しかし、株主総会の日よりも前の期間の電子提供措置は、株主総会の招集手続として、議決権行使に向けた情報提供という重要な意義があります。したがって、株主総会の日よりも前の期間について、長期に渡る電子提供措置の中断を救済することは相当ではないとされたことから、独立の要件として設けられました。

（2） ①から④の各要件について

(ア) ①は、「電子提供措置の中断が生じること」についての会社の主観面または正当事由の存在について定めたものです。

(イ) ②は、電子提供措置の中断が生じた期間の合計が、株主総会の日の3週間前の日、または、株主総会招集通知を発した日のいずれか早い日（電子提供措置開始日）から、株主総会の日後3か月を経過する日まで（電子提供措置期間・改正325条の3第1項）の10分の1を超えないことを定めています。これらは、いずれも、電子公告の中断に関する940条3項の定める要件に対応しています。

(ウ) ③は、株主総会の開催の日までの期間における電子提供措置は、株主に対する情報提供という重要な意義をもつことから、救済される電子提

供措置の中断期間を「10分の１を超えないこと」としています。仮に、②の規律のみの場合、例えば、株主総会の日までの１週間にわたって電子提供措置の中断が生じても、電子提供措置期間全体を分母とすると、中断の期間は10分の１を超えず、電子提供措置の効力に影響が生じないこととなるためです。これに対し、株主総会後の電子提供措置は、株主総会でなされた決議の取消しを求める訴訟などで証拠としての使用を可能とするためのものと位置づけられます。このように、株主総会の前後で、電子提供措置の持つ意義が異なることから、電子提供措置の中断に対する救済規定についても、株主総会の日までについては、②とは別に、③の要件が定められました。

㈣　④は、会社が電子提供措置の中断が生じたことを知った場合に、会社がとるべき対応を定めています。すなわち、会社は、速やかに、ⓐ電子提供措置に中断が生じたこと、ⓑ電子提供措置の中断が生じた時間、ⓒ電子提供措置の中断の内容について、当該電子提供措置に付して電子提供措置をとることが必要です。このとき、それまで別のウェブサイトで電子提供措置事項を掲載することはできるかとの点については、改正会社法が電子提供措置事項を掲載するウェブサイトの数を制限していないことから、別のウェブサイトで電子提供措置をとることはできるとされています。

ただし、電子提供措置事項を掲載するウェブサイトのアドレスは、株主総会招集通知の記載事項とされ（施行規則95条の３第１項１号）、株主に周知される必要があります。したがって、複数のウェブサイトに電子提供措置事項を掲載する場合、招集通知への全てのアドレスの記載などが必要であると考えられています。

（３）　EDINET を使用して有価証券報告書を提出している場合

金融商品取引法24条1項の規定により発行する株式について有価証券報告書を提出しなければならない株式会社は、電子提供措置開始日までに株主総会参考資料等の内容である情報（定時株主総会に係るものに限り、議決権行使書面に記載すべき事項を除く）を記載した有価証券報告書を EDINET を使用して提出した場合、電子提供措置をとる必要がなくなります。そのため、この場合には、電子提供措置の中断は問題とならず、中断についての救済を規定する本条（改正325条の6）の適用もありません（改正325条の3第3項）。

3　電子提供措置の調査

電子公告制度では、電子公告をしようとする会社は、公告期間中、公告の内容である情報がウェブサイトに掲載されているかどうかについて、調査機関に対し調査を行うことを求めなければならないとされています（941条）。これは、電子公告が適法に行われたことの証明のためとされます。

電子提供措置についても、会社に対して同様の調査義務を課すことが検討されていました。しかし、ⅰ）会社の費用負担を懸念する意見や、ⅱ）電子提供措置は、株主に対する提供措置であり、株主以外の者が閲覧できない措置をとることも許容されることから、全てに対応する調査システムの構築は容易ではないこと、ⅲ）電子提供措置の中断が生じた場合の立証手段は、会社が独自にウェブサイトからログを保存して証拠とすることも可能であることなどが指摘され、最終的に、調査に関する規律は設けないものとされました。

（大橋　美香）

Q 11 株主提案の濫用的な行使を制限するための措置が検討されたのは何故ですか？

Check 305条4項（修正）、同条5項（新設）

Point

① １人の株主が膨大な数の議案を提案するなど株主提案の濫用的な行使が散見されていた
② 権利濫用法理による株主提案権の行使を制限する高裁裁判例が示されたが、該当性の判断は容易でない
③ 規律明確化の観点から、数による制限と目的等による制限が検討されたが、後者は立法が見送られた

近年、１人の株主が膨大な数の議案を提案するなど、制度創設時には想定されていなかった株主提案権の濫用的な行使事例が見られるようになりました。このような濫用事例について、東京高等裁判所は「一定の場合に株主提案権の行使が権利濫用にあたる」と判断しました。

しかしながら、実務上、株式会社が株主提案権の行使について権利濫用にあたるかどうかを判断することは困難で、判断が慎重になる場合が多いとされています。また、会社にとって、膨大な議案から付議すべき議案を選別し、当該議案を招集通知に掲載するための作業や費用が負担となります。

これらを克服するため、株主提案の濫用的行使を制限するための措置として、法制審議会では数による制限と目的等による制限が検討されました。ただし、国会審議の過程で目的等による制限に関する立法は見送られました。

解説　Explanation

1　株主提案権の濫用的な行使

株主提案権は、昭和56年の商法改正により導入されました。株主の疎外感を払拭し、経営者と株主又は株主相互間のコミュニケーションをよくして、開かれた株式会社を実現しようとの理由によります。

導入当初は、小規模会社における経営権争奪のための大株主による株主提案や電力会社における原発反対運動株主による株主提案が、その後は、外資系の投資ファンドを中心とした活発な株主提案が行われました。しかしながら、近年は１人の株主が膨大な数の議案を提案するなど、株主提案権の濫用的な行使事例が見られるようになりました。

例えば、平成24年５月に開催された野村ホールディングスにおける株主総会では、１人の株主から100個の議案が提案され（商号を「野菜ホールディングス」へ変更することを求める議案など）、うち18議案が同社において株主総会に付議する要件を満たすものとして付議され、株主総会参考資料に掲載されました。

このように、膨大な数の株主提案権が行使されたなか、平成26年に経済産業省に設置された「持続的成長に向けた企業と投資家の対話促進研究会」（以下、「対話促進研究会」という）では、株主提案権について、「現在のようにその濫用的な利用形態も散見される状況に照らして、なお立法当時の規定がそのまま合理性を維持できるかどうかは再検討の余地がある」という指摘や、「具体的な方策として、提案数を制限することが最も実現可能性が高く、多くの場合、妥当な結果が得られるのではないか」という意見が示されました（対話促進研究会報告書105頁）。

また、平成27年５月には、東京高等裁判所が「株主提案権の行使が20個を数え、いずれも個人的な目的のためまたは会社を困惑させる目的のためにされたものであるなど、全体として正当な目的を有するものではないと認められる事情があるときは、提案の全体が権利の濫用に当たる。」と判断しました（東京高判平成27年５月19日金判1473号26頁）。

2　株主提案権の濫用的行使に対する措置の検討

このように、対話促進研究会にて株主提案権の見直しが提言され、かつ、株主提案権の濫用的行使事例に対する下級審裁判例も示されました。しかしながら、実務上、どのような場合に株主提案権の行使が権利濫用に該当するか否かの判断は事案ごとに異なり、規範として必ずしも明確とはいえません。実際に株主提案権が行使された場合、株式会社において当該議案が権利濫用に該当すると判断することは難しく、慎重に判断せざるを得ないとも考えられます。

そこで、株主提案権の濫用的な行使を制限するための規律を明文化することが相当とされ、法制審議会で審議された後、法案が国会に提出されました。具体的には、株主が提案することができる議案を数または目的等により制限する法案です。

3　数による制限

株主が膨大な議案を提案すると、株主総会における審議の時間等が無駄に割かれ、株主総会の意思決定機関としての機能が害されるだけでなく、総会開催前の準備段階においても付議の当否を検討する時間や招集通知の印刷等に要するコストが増加します（中間試案補足説明15頁）。

また、株主である債権者が会社の代表取締役らを債務者として、株主提案権に基づき招集通知等に議案掲載を求める仮処分申立てをすると、裁判実務上、保全審理の終期を招集通知の印刷開始前に設定し審理しなければならないという時間的制約があるため、提案できる議案の数に上限を設けたほうがよいとの意見もありました（第２回部会議事録54頁・大竹委員発言）。

これら実務上の事情を踏まえ、株主提案権の濫用的な行使を制限するための措置として数による制限が検討され、立法されました（内容の詳細は**Q12**を参照してください）。

4　目的等による制限

これに対し、株主提案権の濫用的な行使を制限するための措置として、目的等による制限についても法制審議会では議論され、法案が国会に提出されました。

しかしながら、国会審議の過程で、「会社が株主提案権を恣意的に拒否する可能性がある」との理由から、立法が見送られました（法案の趣旨および立法が見送られた経緯については **Q13** を参照してください）。

（荒木　理江）

12 提案することができる議案の数について、どのような制限がされますか？

Check　305条4項（修正）、同条5項（新設）

Point
① 株主が提案できる議案の数は10まで
② 役員等選任、解任、会計監査人不再任の議案はそれぞれの役員等の数に関わらず選任、解任又は不再任ごとに１議案
③ 定款変更に関する２以上の議案は異なる議決により内容が矛盾する場合に１議案

株主提案権の濫用的な行使を制限する観点から、１人の株主が提案できる議案の数が制限されます。制限の対象は取締役会設置会社における株主による議案要領通知請求権であり、議案の数は10個までです（305条４項柱書）。

また、役員等の選任または解任に関する議案および会計監査人を再任しないことにする議案ならびに定款変更に関する議案については、数の数え方に関する定めが設けられました（305条４項１号～４号）。

さらに、株主が提出しようとする議案の数が10を超えるときにおける10を超える数の議案は、株主からの指定がない限り、取締役がこれを定めることになりました（305条５項）。

解説　Explanation

1　議案要領通知請求権における議案数の上限～10個

取締役会設置会社の株主が305条１項による請求（議案要領通知請求）をする場合、当該株主が提出しようとする議案の数が10を超えるときは、同条

１項から３項までの規定は10を超える数に相当することとなる数の議案については適用されません（305条４項前段）。つまり、株主が10を超えた数の議案を提案した場合、株式会社は10を超えた数の議案については議案要領通知請求権の行使を拒絶することができます（神田Ⅱ５頁）。

この点、中間試案では、提案することができる議案の上限を５とするＡ案と10とするＢ案が示されました。上限を５とするＡ案は、次のような理由によります。すなわち、特定の株主による議案の検討に株主総会での審議時間を多く費やすべきではないとの理由から、株主が提案できる議案の数を１ないし３とすべきとの意見に対し、実務上、合理的と考えられる株主提案であっても、議案の数が３以上となり得るケースもあることから、上限を３以下とすることは慎重であるべきとの意見もありました。これらの意見を踏まえて上限数を５とするＡ案が示されました。これに対し、上限を10とするＢ案は、近年、提案数が比較的多いとされる電力会社における運動型株主の提案数は多くても10個程度にとどまっていること、株主が同一の株主総会に議案を何十も提案する必要性は想定しづらいことなどが理由とされました（中間試案補足説明16頁）。

最終的に上限を５ではなく10とすることで改正された理由は、以下に述べる役員等の選解任等議案及び定款変更議案の数の数え方の定めに関係していると言われています（神田Ⅱ６頁。後記２の末尾参照）。

2　議案の数え方１（役員等の選解任に関する議案）

上記のとおり、中間試案では、議案の数の上限を５とするＡ案と10とするＢ案が示されましたが、実はＡ案、Ｂ案のいずれにおいてもさらに２つの案に分かれていました。

まず、役員等の選任または解任に関する議案についても、議案要領通知請求権に基づき株主が同一の株主総会に提案することができる議案の数の制限の例外とせずに、選任または解任される役員等の人数にかかわらず１議案として数える提案です。次に、役員等の選任または解任に関する議案については、議案要領通知請求権に基づき株主が同一の株主総会に提案することができる議案の数の制限の例外とする提案です。

このように議案の数の数え方に関する提案が複数示された理由は、実務上、役員等の選任または解任に関する議案は1候補1議案と解されていることと関係します。すなわち、役員等の選解任の議案数を形式的に数えると、株主が役員等の員数に応じた選任または解任の提案をしようとしても、議案の上限数との関係ですべての員数の選解任議案を提案できない、または選解任以外の他の議案を提案することができない可能性があり、過度な制限となりかねないからです（中間試案補足説明17頁）。

以上のような配慮を踏まえ、①役員等の選任に関する議案、②役員等の解任に関する議案および③会計監査人を再任しないことに関する議案は、「当該議案の数にかかわらず、これを1の議案とみなす」と規定されました（305条4項1号ないし3号）。

実務上、株主提案権の濫用事例で懸念される弊害は、役員等の選解任議案においても生じ得ます（たとえば、経営陣に不満がある、経営権に争いがある場合等）。そこで、役員等の選解任議案についても議案の数の制限の例外としない代わりに、①役員等の選任、②役員等の解任および③会計監査人の再任に関する議案は、候補者の人数にかかわらず、それぞれの議案を1つの議案として数えることにより、株主提案権に対する過度な制限の回避と株主提案権の濫用的行使の抑制の調和を図ったものといえます。

また、当該規律の採用により、たとえば、株主が現経営陣から新経営陣への刷新を図ろうとして、上記①から③の議案を提出した場合、議案の上限が5であると、当該株主は残り2つの議案しか提案できません。今回の改正は、開かれた株主総会を実施するという株主提案権の趣旨に配慮し、議案の上限を10にしたと考えられます（部会資料25・7頁）。

3　議案の数え方2（定款変更に関する議案）

定款の変更に関する議案の数の数え方について、現在の実務では、関連性のない多数の条項を追加する議案であっても、株主が当該議案を分けて提案しない限りは、形式的には1つの議案として扱うことが多いとされています。しかしながら、この取扱を前提にすると、株主が提案できる議案の数を制限する意義が半減するおそれがあります。

この点、法制審議会における議論の過程では、定款変更の内容において関連性のある事項ごとに複数の議案があるとし、議案の数の制限を及ぼすべきとの意見で一致していました。しかしながら、中間試案では、「内容において関連する事項ごとに区分して数えるものとする旨の明文の規定を設けるものとするかどうかについては、なお検討する」とされていました(中間試案5頁)。というのも、「内容において関連する事項」かどうかは、個別の事情を考慮した上で、総合的に判断せざるを得ず、一定の解釈の余地が残ります。判断基準が明確でないと、会社は株主との紛争の発生をおそれて保守的に判断し、結果的に基準として使えないことにもなりかねません。そこで、明文の規定を設けるべきかどうか、設けるとしても関連性の判断基準の内容をどう考えるかについて整理した上で引き続き検討すべきとの指摘があったからです(中間試案補足説明17〜18頁)。

中間試案に対するパブリックコメントを実施し、その後、数回の審議を重ねた結果、定款の変更に関する2以上の議案については、「当該2以上の議案について異なる議決がされたとすれば当該議決の内容が相互に矛盾する可能性がある場合には、これらを1の議案とみなす」との規律が採用されました(305条4項4号)。

その理由としては、「法制的な観点から、株主が提案することができる議案の数の数え方については、1の議案として提案されているかどうかという形式面ではなく、何が内容として提案されているのかという実質面に着目し、原則として提案の内容である事項ごとに1の議案として捉えることを前提としつつ、議案の数の取扱に関する規律を設けることが適切であると考えられる」からです(部会資料27・6頁、神田Ⅱ8頁)。以下に、具体例を挙げて説明します(部会資料23・8〜10頁)。

(1) 事例1

①提案の内容

第1号議案：監査等委員会の設置とそれに伴う規定の整備を行う旨の提案

第2号議案：監査役および監査役会の廃止とそれらに伴う規定の整備を行う旨の提案

②**提案の理由**：モニタリングモデルに移行し、取締役会による監査機能を強化するため

③**結論**：議案の数は、１と考えられます。

会社法上、監査等委員会設置会社は監査役を置いてはならないとされており（327条４項）、監査等委員会の設置を行う旨の提案は、当然に監査役及び監査役会の廃止を予定しています。したがって、少なくとも第１号議案が可決され、第２号議案が否決されると、議決の内容が相互に矛盾する可能性がありますから、１つの議案と認めることが適切です。

（2） 事例２

①**提案の内容**

第１号議案：取締役の員数の枠に余裕がない会社において、取締役の員数の枠を拡大するとの提案

第２号議案：同社において、社外取締役との責任限定契約の締結に関する規定を設けるとの提案

②**提案の理由**：現在の役員は維持しつつ、将来的に新しく有能な社外取締役を外部から招へいするための環境を整えるため

③**結論**：議案の数は、２と考えられます。

第１号議案は現任の役員に加え、さらに社外から有能な人材を招へいすることを物理的に可能とする提案です。これに対し、第２号議案は社外取締役として期待される役割を十分に発揮しうるよう責任を限定するための提案です。いずれの提案も「将来的に新たに有能な社外取締役を招へいするための環境整備」という点では有用ですが、いずれか一方が可決され、いずれか一方が否決されたとしても、当該議決の内容が相互に矛盾する可能性があるとはいえません。そこで、これらは別々の議案と認めることが適切です。

4　株主提案議案の数が上限の10を超えている場合

株主が提案しようとする議案の数が10を超えるときにおける10を超える数の議案は、原則として取締役がこれを定めます。ただし、当該株主がその請求と併せて株主が提出しようとする２以上の議案の全部または一部に

ついて議案相互間の優先順位を定めているときは、取締役はその優先順位に従わなければなりません（305条5項、神田Ⅱ 6頁）。

この点、中間試案に対するパブリックコメントでは、株主から上限を超える数の議案が提案された場合、株式会社は当該株主が提案した議案すべてについて不適法または無効として拒絶しうるとすべきとの意見がありました。上限を超える数に相当する数の議案についてのみ株式会社が拒絶しうるとなると、議案の選定作業が煩雑になること、提案株主とコミュニケーションを取ることは実務上困難を伴うケースが多いこと、提案株主と株式会社との間で議案の選定方法をめぐり紛争が発生しうることなどがその理由です。

しかしながら、上記意見は、株主提案権の重要性に鑑みると適切とは言えないことから、305条5項の規律が定められました。

なお、10までの数の議案（内容の適法性を検討する対象となる議案）を取締役が選択する具体的な方法としては、株式会社が合理的な方法を株式取扱規則等で定めることなどが考えられます（部会資料19・14〜15頁）。

5　複数の株主による共同行使の場合の取扱い

議案要領通知請求権は、実務上、複数の株主により共同して行使される場合がありますが、この場合であっても、各株主が提案することができる議案の数の合計は10を超えることはできないと解されています。たとえば、株主ABCが全員で共同して議案要領通知請求権を行使し、6個の議案を提案した場合、ABCはそれぞれ6個の議案を提案したことになります。

そこで、ABCが他の株主Dと共同してさらに議案要領通知請求権を行使しようとするときは、既に提案した6個の議案のほかに4個までの議案を提案できることになります（中間試案補足説明18頁、神田Ⅱ 8頁）。

（荒木　理江）

13 目的等による議案の提案の制限について、どのように検討されましたか？

Point

① 法律案では目的等による議案の提案制限も内容とされていた
② 国会では反対論が強く、修正案が提案された
③ 目的等による議案の提案の制限は、明文化されなかった

法律案では、株主提案権の濫用的な行使を制限する観点から、①その目的が不適切である場合、株主は議場における議案提案権又は議案要領通知請求権を行使することができないこととし、②株主総会の適切な運営が著しく妨げられ、株主の共同の利益が害される場合にも同様とすることが、内容とされていました。しかし、国会では反対論が強く、目的等による制限に関する改正案は採用されませんでした。

解説 Explanation

1　法律案における改正の趣旨

(1)　現行法の規律

現行法では、株主提案の理由について、明らかに虚偽である場合又は専ら人の名誉を侵害し、若しくは侮辱する目的によるものと認められる場合には、株主総会参考書類に記載することを要しないとされています（施行規則93条１項３号括弧書）。

一方、株主提案自体の内容に関する制限としては、①法令若しくは定款に違反する場合、又は②実質的に同一の議案につき総株主の議決権の10分の１以上の賛成を得られなかった日から３年を経過していない場合（改正前304条ただし書・305条４項）についての規定があるのみです。

（２） 法律案の内容

法律案では、上記（１）①及び②の規定を維持するとともに、実務において、株式会社を困惑させる目的で議案が提案されるなど株主提案権が濫用的に行使される事態を踏まえ、内容による提案の制限に関する明文の規定を設けることにより、不適切な内容の株主提案を抑止することを目指していました（中間試案補足説明19頁）。

この改正案は、権利濫用を理由とする株主提案権の行使を制限する裁判例（東京高判平成27年５月19日金判1473号26頁）を明文化することにより、株式会社における判断をわかりやすくすることを目的としていました。これは、株主提案権の行使事例の中に権利の濫用に該当すると思われるものが見られ、裁判例においても人を困惑させる目的等による株主提案権の行使を権利の濫用と認めるものがあったことなどを踏まえ、このような権利の濫用に該当し、拒絶することができる場合を明確化することにより、株主総会を全体として活性化させ、経営者と株主との間又は株主相互間でより充実したコミュニケーションが図られるようにするための提案でした。

2 国会における審議

（１） 権利濫用との関係

法律案と権利濫用の関係について、法務省民事局長は、①「株主提案権は、株主が会社の経営に参与し、あるいは会社の経営を監督、是正するために株主に認められた基本的な権利でございますが、権利の一種である以上、その濫用が許されないことは当然でございます。したがいまして、株主提案権の行使が民法上の権利の濫用に当たる場合には、株式会社はこれを拒絶することができると考えております」（衆議院会議録11号７頁・小出民事局長発言）、②「裁判所におきまして、株主提案が一般条項としての権利濫用には当たらないにもかかわらず、改正法案の304条２号に当たるという判断がされるということは想定しておりません」（衆議院会議録11号７頁・小出民事局長発言）と説明しました。

（2） 修正案の提出理由

株主提案権の制度は、昭和56年の商法改正によって「制度上、株主がみずからの意見を株主総会で訴えることができる権利を保障することにより、株主の疎外感を払拭し、経営者と株主との間又は株主相互間のコミュニケーションを図り、株式会社をより開かれたものにする目的で導入された」（衆議院会議録9号19頁・小出民事局長発言）ものです。この経緯を重視するときは、株主提案自体の内容について制限しようとする改正案には、制度趣旨に反するという疑問があり得ます。

そのため、衆議院の法務委員会において、株主提案権等の濫用的な行使を制限するための措置に関する改正規定中不当な目的等による議案の提案を制限する規定の新設に係る部分を削るという内容の修正案が提出されました。

修正案提出の理由については、山尾委員が修正案提出者を代表して説明しました。その骨子は、「民法における権利の濫用の一般法理との関係を整理すべきであるとの指摘や、当該株主提案が権利の濫用に該当するかどうかのより明確な規律を検討すべきであるとの指摘等がありました。このような指摘等を踏まえると、株主提案の内容により、これを拒絶することができる場合についての規定を設けるか否かを検討するに当たっては、裁判例や株主総会の実務の集積等を踏まえ、権利の濫用に該当する株主提案権の類型について更に精緻に分析を深めながら、引き続き検討していくべき」（衆議院会議録11号1頁・山尾委員発言）という点にあります。

また、修正案で削除を提案している条項の何が問題だったのかという質問に対しては、①「今も民法の権利濫用という一般条項を通じて一定の濫用規制がかかっている、その上で更に、会社法において、提案権の内容に着目をして制限をする必要性の有無、それを支える立法事実の存否、これが弱いのではないかという指摘」、②「内容規制が成立する場合には、権利濫用とみなされる範囲が広がるのではないかというような疑義」すなわち「一方当事者である会社側が他方当事者である株主側の内心を推知して、その目的が、専ら会社や役員の名誉を毀損する目的であるとか、会社や役員を侮辱する目的であるとか、会社や役員を困惑させる目的であるとか、そういうふうに会社側が認定した場合には拒絶できるというふうになるとしたら、やはりその拒絶の範囲というのは広がるのではないか、権利濫用の範囲が広がるのではないかという懸念」、及び、③「権利濫用の範囲が広がるだけではなくて、権利濫用に必ずしも当たらない場合であっても、もしこの改正案がそのまま成立すると株主提案権の拒絶が正当化されるというような場合が出てくる可能性があるおそれ、これが生じた」（衆議院会議録11号10頁・山尾委員発言）と指摘されています。

（3） 結　論

前記（2）の修正案が可決され、目的等による制限に関する改正案は実現しませんでした。

3　実務への影響

内容による制限は明文化されませんでしたが、その理由は上記**2**（2）のとおり「権利の濫用に該当する株主提案権の類型について更に精緻に分析を深めながら、引き続き検討していくべき」というものですから、今後の実務においても民法の権利濫用に関する一般条項によることは否定されません。

この点については、①「さまざまな裁判例の蓄積とか、そしてまた、実際に総会でどのように株主提案権が、きちっと保障されるべきものは保障されているかとか、場合によっては、やはり権利濫用がこういった形で出ていてなかなか苦慮しているとか、そういうことも含めて吟味をしていくということだというふうに思います。……この問題については、暗数とか潜在的事象、株主総会でどれだけ濫用行使があって会社が苦慮しているのかということは……よりきちっと事態をみんなにわかるように示した上で、立法事実だというならそれを顕出する、そういう努力が必要だというふうに思います」（衆議院会議録11号11頁・山尾委員発言）、②「民法の一般条項で、権利濫用、これを通じて濫用行使を除いていく。それは実際、裁判例でもそういったロジックが使われている。あわせて、今回、数の規制は入りますので、今、この法案が成立した暁には、そのバランスの中で今後の推移を見て、本当に、より規制方向の立法の必要性があるのかどうかということも含めて検討していくということだと思います」（衆議院会議録11号12頁・山尾委員発言）、③「要綱の当該部分は、法制審議会会社法制（企業統治等関係）部会において、株主提案権の行使が権利の濫用に該当するであろう典型的な場合等として取りまとめられたものであり、実務上、株主提案権の行使が権利の濫用に該当するか否かを判断するにあたり、参考となろう」（竹林ほかⅡ５頁）という指摘が参考になります。

（中込　一洋）

14 報酬等の決定方針について、どのような規律が置かれましたか？

Check 361条7項（新設）、399条の13第5項7号（新設）、施行規則98条の5

Point
① 取締役の個人別の報酬等の決定方針を取締役会で定める
② 一定の監査役会設置会社及び監査等委員会設置会社が対象となる
③ 報酬等の決定方針の決定を取締役に委任することは禁止される

取締役が報酬、賞与その他の職務執行の対価として株式会社から受ける財産上の利益（以下「報酬等」という）について、定款または株主総会の決議による定めがある場合には、取締役会において、当該定めに基づく取締役の個人別の報酬等の内容についての決定に関する方針として法務省令で定める事項（以下「報酬等の決定方針」という）を決定しなければならないとされました。

本規定の対象は、①監査役会設置会社（公開会社、かつ、大会社）であって、金融商品取引法24条1項により有価証券報告書を提出している株式会社（以下「上場会社等」という）、及び②監査等委員会設置会社となります。

なお、定款または株主総会決議において個人別の報酬等の内容を定めている場合には適用を受けません。また、取締役のうち、監査等委員である取締役の報酬等は本規定の対象ではありません。

さらに、監査等委員会設置会社においても、取締役会は報酬等の決定方針の決定を取締役に委任できないとされました。

解説 Explanation

1 改正の背景

指名等委員会設置会社を除く株式会社においては、361条1項に取締役の報酬等の額等を定款または株主総会の決議によって定めることとされています。本規定は取締役または取締役会によるお手盛りを防止するためと一般的に理解されています。

実務上、監査等委員である取締役以外の取締役の報酬については、取締役全員の報酬額の最高限度額を株主総会決議で定め、各取締役に対する配分額は取締役会の決定に委ねる方法が多く取られています。また、取締役会が報酬等の配分を代表取締役に一任するということも多く行われており、退職慰労金の事案では取締役会長等に一任する取締役会決議は無効とはいえないとした判例もあります（最判昭和58年2月22日判時1076号140頁）。また、報酬について、再一任は適法であるとしつつ、一任された代表取締役が善管注意義務を負うとした裁判例もあります（東京高判平成30年9月26日金判1156号59頁、東京地判平成30年4月12日金判1156号47頁）。さらに、株主総会の決議によって最高限度額を定めれば、その最高限度額を変更するまでは、新たな株主総会の決議を要しないと解釈されています（大阪地判昭和2年9月26日新聞2762号6頁）。

しかし、取締役の報酬等については、取締役に対して職務を適切に執行するインセンティブを付与するための手段として捉える考え方、期待された業績を上げられなかった経営者を解任するなどの経営責任を追及する基準となり得るとの考え方があります。近年では、コーポレートガバナンス・コード原則4－2において「経営陣の報酬については、中長期的な会社の業績や潜在的リスクを反映させ、健全な企業家精神の発揮に資するようなインセンティブ付けを行うべきである。」とされています。

会社法上の規律としても、「現在の報酬規制が、会社から出ていく財産の総額を抑えるという発想で作られているところ、インセンティブ報酬などが入ってくると、そもそも株主の承認を取るべき対象は、総額幾ら出ていくかということではなくて、むしろどういう性格の報酬であって、それが適切に役員のインセンティブのコントロールに効いているかということではないか、そういうことを分かった上で承諾するという規制でなくてはならないのではないかという発想」（第6回部会議事録55～56頁・藤田委員発言）が必要である等、取締役の報酬等がインセンティブを付与するための手段として適切に機能するものになるような見直しが必要ではないかと指摘されていました。

また、上記の大阪地判の解釈を前提とすると、総額という枠はあるものの取締役会や代表取締役に報酬等の配分が一任され、かつ総額の変更がない限り、長期間にわたって株主総会決議がなされない事態となり、お手盛り防止という趣旨や株主総会の取締役会等に対するガバナンスの観点からしても問題があるのではないかとの指摘がなされていました。

このような指摘を受け、取締役の報酬等について、取締役が職務を適切に執行するインセンティブとして機能するように規律を見直し、手続の透明性を高めるため、個人別の報酬等の決定方針を取締役会で決定することになりました（部会資料4・2頁、中間試案補足説明23～24頁）。

2　報酬等の決定方針の内容

取締役の報酬等について、取締役が職務を適切に執行するインセンティブを付与するための手段として考える場合には、取締役に対し、どのようなインセンティブを付与するかといった方針が重要なものとなります（中間試案補足説明24頁）。このような観点から、361条7項では取締役の個人別の報酬等の内容についての決定に関する方針を定めることとし、施行規則98条の5は、**3**で述べる一定の会社について、次の方針を定めなければならないとしています。

①取締役の個人別の報酬等の額またはその算定方法の決定に関する方針（②、③を除く）

②業績連動報酬等に係る業績指標の内容および当該業績連動報酬等の額または数の算定方法の決定に関する方針

③非金銭報酬等が含まれる場合は当該非金銭報酬等の内容および額若しくは数またはその算定方法の決定に関する方針

④①〜③の額に対する割合の決定に関する方針
⑤報酬等を与える時期または条件の決定に関する方針
⑥個人別の報酬等の内容について決定の全部または一部を取締役その他の第三者に委任するときは、ⅰ）委任を受ける者の氏名または会社における地位および担当、ⅱ）委任する権限の内容、ⅲ）権限を適切に行使されるようにするための措置の内容（該当がある場合）
⑦取締役の個人別の報酬等の内容についての決定方法（⑥を除く）
⑧①〜⑦に掲げる事項のほか、取締役の個人別の報酬等の内容についての決定に関する重要な事項

3　報酬等の決定方針を定めなければならない場合

業績連動報酬等についての議案を総会に提出する場合に報酬等の決定方針を定める案も検討されていました。しかし、日本の取締役の報酬等は業績との連動性が低いため、インセンティブとして機能しておらず、取締役への評価としても機能していないということが問題として指摘される点からは、業績連動報酬等を導入しない場合についても理由を説明する必要があります。

そこで、株主の利益保護の観点から社外取締役による監督が特に期待されることを重視し、報酬等の決定方針を定めなければならない場合を社外取締役の選任を義務づけられる株式会社と同じ範囲にしました。すなわち、監査役会設置会社（公開会社、かつ、大会社）であって、金融商品取引法24条1項により有価証券報告書を提出している株式会社になります。

この範囲の株式会社では、業務執行者である取締役の報酬等が適切に職務を執行するインセンティブとなっているか、株主の利益を保護するという観点から、社外取締役が取締役会において報酬等の決定方針に対して議決権を行使することが重要であると考えられます。パブリックコメントにおいて、上場会社は株価という明示的な指標が存在するため、株式報酬型ストック・オプション等のエクイティ報酬を活用する意義が大きく、報酬等の決定方針を定める必要性がある旨の意見もありました。

また、監査等委員会設置会社については、報酬等の決定方針を定める理

由として社外取締役による監督への期待を重視していることから、社外取締役による機能を活用するために創設された監査等委員会設置会社についても同様に報酬等の決定方針を定めるべきであると考えられました（部会資料20・3頁）。すなわち、監査等委員会設置会社の場合は、上場等の要件に関わらず、必ず報酬等の決定方針を定めなければなりません。

なお、監査等委員会設置会社の監査等委員である取締役の報酬については、361条1項各号の事項について、監査等委員である取締役とそれ以外の取締役とを区別して定める必要があり（同条2項）、定款または株主総会決議で各取締役の報酬等を定めない場合には、同条1項の定めの範囲内で監査等委員である取締役の協議によって定める（同条3項）という規律が既にあるため、改正法の適用はありません。

また、指名委員会等設置会社については、409条によって報酬委員会が執行役等の個人別の報酬との内容に関する方針を定めるため改正法の適用はありません。

4　報酬等の決定方針の委任の可否

監査等委員会設置会社において、報酬等の決定方針は取締役会による取締役の職務の執行の監督の観点から重要であり、この機関設計に基づく取締役会は業務執行者に対する監督を中心とした取締役会を想定しています。そこで、取締役の過半数が社外取締役であるかどうかや、399条の13第6項の規定による定款の定め（重要な業務執行の決定の取締役への委任）があるかどうかを問わず、取締役会は、報酬等の決定方針の決定を取締役に委任することができないものとすることが相当であると考えられました。そこで、新たに取締役に委任できない事項として報酬等の決定方針を条文に加えました。

上場会社等においても、報酬等の決定方針を取締役会が決定しなければならないと明文で規律された趣旨から、その決定を取締役に委任できないものと解釈されます。報酬等の決定方針の重要性に鑑みて、上場会社等も委任の禁止を明文化することも考えられ、パブリックコメントでもそのような指摘がありましたが、上記解釈で対応できるため、規定は設けられませんでした。

本規定は決定方針の決定そのものを取締役に委任することを問題にしているだけであり、取締役会による決定方針の決定に先立ち、社外取締役を中心に構成される委員会等に対して任意に諮問することを禁止するものではありません（部会資料20・2頁）。

会社法改正の議論の過程では、委任の禁止について、取締役会を設置していない会社にも適用することも検討されましたが、規定化はなされませんでした。

なお、指名委員会等設置会社においては、決定方針に比べてより具体的な方針である執行役等の個人別の報酬等の内容に係る決定に関する方針について報酬委員会で定めるものとされており（409条1項）、特段の手当ては不要であると考えられたことから、改正はされていません。

5　報酬等の決定方針の法律効果

報酬等の決定方針を決定する義務を負う上場会社等においては、決定した方針に従って取締役等の報酬等の内容を決定することが必要であり、報酬等の決定方針を決定しないまま報酬等の内容を決定し、または、決定した方針に違反する報酬等の内容を決定した場合は、その報酬等の内容の決定は無効との見解が示されています（竹林ほかⅢ6頁）。報酬等の個人別の配分の決定を代表取締役に再一任することも報酬等の決定方針に含まれると解されるため（前記**2**⑥）、報酬等の決定方針に再一任が含まれていないにもかかわらず再一任を行うと、一任された代表取締役が決定した配分が無効となる可能性があります（高木弘明・辰巳郁「令和元年改正会社法の実務対応（3）取締役の報酬等に関する改正」商事法務2232号37頁）。このように、報酬等の決定方針の法律効果は強力であることに注意が必要です。

（浅尾　綾乃）

15 金銭でない報酬等の株主総会の決議による定めがどのように改正されましたか？

Check 361条1項3号～6号（新設)、361条4項（一部改正)、409条3項3号～6号（新設、一部改正)、施行規則98条の2、98条の3

Point

① 株式（取得に充てる金銭も含む）は、株式の数の上限等を決議する

② 新株予約権（上記①と同様）は、新株予約権の数の上限等を決議する

③ 報酬等（確定報酬も含む）の議案について、相当とする理由を説明する

改正法では、取締役の報酬等のうち当該会社の株式、または、当該株式の取得に充てる金銭については、当該株式の数（種類株式発行会社にあっては、株式の種類および種類ごとの数）の上限、その他法務省令で定める事項を株主総会の決議によって定めるものとされました。なお、定款に当該事項を定めている場合は適用されません（以下、同様です)。

取締役の報酬等のうち当該会社の新株予約権、または、当該新株予約権の取得に充てる金銭については、当該新株予約権の数の上限、その他法務省令で定める事項を株主総会の決議によって定めるものとされました。

募集株式および募集新株予約権を除く報酬等のうち金銭でないものについては、具体的な内容を株主総会決議で定めるものとされました（改正前361条１項３号と同様の規律となっています)。

指名委員会等設置会社の執行役等（執行役及び取締役）の報酬等について

も、同様の規律が設けられました。

また、改正法では、361条4項を一部改正し、報酬等に関する議案を株主総会に提出する場合には、議案を提出した取締役は、報酬が確定額か不確定額か、金銭報酬か否かなどにかかわらず、当該事項を定める必要性、合理性も含めて、その報酬等を相当とする理由を説明する必要があるとされました。

解説　Explanation

1　改正の背景

取締役の報酬等について、インセンティブを付与するための手段として捉える場合、役員と株主の利益を一致させる当該株式会社の株式、及び、新株予約権は重要な報酬と考えられます。しかし、改正前361条1項3号の金銭ではない報酬の「具体的な内容」については、株式、新株予約権、社宅の提供等様々な報酬が想定されるため、財産上の利益としてどこまで特定しなければならないか解釈上明らかではありません。

一方で、当該株式会社の株式、または、新株予約権を報酬等とする場合は、既存の株主に持株比率の低下、株式の希釈化による経済的損失が発生する可能性があることから、その「具体的な内容」をより明確にすることが望ましいと考えられました（中間試案補足説明25頁、部会資料4・4頁）。

また、実務上、当該株式会社の株式、または、新株予約権の取得に充てるための金銭を報酬等とする場合は、確定額報酬として金銭報酬枠の決議を得れば足りると考え、361条1項3号に掲げる事項を定款または株主総会の決議によって定める必要がないという解釈がなされています。新株予約権については、取得に充てるための金銭を報酬等とするほうが（いわゆる相殺構成）、金銭を払い込まない場合（いわゆる無償構成）と比べて、税制上の処理が明確であることも、そのような運用がされる要因となっています（中間試案補足説明25頁）。

しかし、改正前361条1項3号、および同条4項（相当とする理由の説明）において、金銭以外の財産上の利益を報酬等とする場合には、報酬等具体的な内容を定める必要があり、かつ、合理的であるかどうかについて株主総会において取締役が説明する必要があるとされています。取得に充てる資金を報酬等とすることは、実質的に株式、または、新株予約権を報酬等とすると同様であることを踏まえれば、上記の規律を及ぼす必要があります。そこで、株式、または、新株予約権の取得に要する資金に充てるための金銭を取締役の報酬等とする場合も改正法の適用対象とされました（中間試案補足説明26頁）。

なお、改正法は、改正前361条1項1号および2号と3号との関係についての考え方を変更していません。株式、または、新株予約権である取締役の報酬等については、改正で定められた事項と併せて、当該報酬等の額、または、その具体的な算定方法も株主総会の決議により定めなければなりません（中間試案補足説明26～27頁）。

2　取締役の報酬等について定めるべき事項

（1）　株式の場合（361条1項3号、施行規則98条の2）

取締役の報酬等として当該株式会社の株式を付与する場合は、定款または株主総会決議で次の事項を定める必要があります。

①当該株式会社の株式の数（種類株式発行会社にあっては、株式の種類及び種類ごとの数）の上限

②一定の事由が生ずるまで当該株式を他人に譲り渡さないことを約した取締役に対して当該株式を交付することとするときは、その旨及び当該一定の事由の概要

③一定の事由が生ずることを条件に当該株式を株式会社に無償で譲り渡すことを約した取締役に対して当該株式を交付することとするときは、その旨及び当該一定の事由の概要

④②及び③に掲げる事項のほか、当該株式を交付する条件を定めるときは、その条件の概要

（2）　上記事項を定める趣旨、及び具体的な株式報酬

パブリックコメントにおいて、金銭でない報酬等の株主総会の決議による定めの改正に賛成の意見も多かったのですが、見直しをする場合には株

主総会の決議事項が詳細となり過ぎないように留意すべきという意見もありました（中間試案25頁、第３回部会議事録13頁・古本委員発言、第３回部会議事録14頁小林委員発言）。

株式を取締役の報酬等とする場合は、既存株主の持株比率の希釈化（株式が増加することによる既存株主の株式価値の低下）の程度、取締役に対するインセンティブとして機能するか、不正な買収防衛策等に用いられないかを株主が確認することが重要であると考えられ、上記（1）に掲げる事項を株主総会の決議によって定める事項とし、①当該株式会社の株式の数の上限を掲げています。なお、希釈化率について、機関投資家は一般的に年間１～２％、累積（５～10年）５～10％の基準で議決権行使の判断をしているという指摘があります（磯野真宇「役員報酬議案をめぐる2019年総会動向」商事法務2211号78頁）。

次に、株式を交付する条件を定める場合については、一定の事項（前記（1）②から④）が決議事項とされました。

株式が報酬等として付与される場合には、取締役が、一定の事由が生ずるまで当該株式を他人に譲り渡さないことや、一定の事由が生ずることを条件に当該株式を株式会社に無償で譲り渡すことを株式会社に対して約することがあります（上記（1）②）。これらの合意は事前交付型の株式報酬として機能するために重要な事項であり、具体的には、譲渡制限付株式報酬（RS）があります。なお、譲渡制限は割当契約や株式給付規程をもとに債権的に譲渡制限を付すことが一般的なようです（前掲磯野・商事法務2211号73頁）。

株式報酬には、役員に株式を保有させ、リテンション（転職防止）目的という側面があることから、譲渡制限の期間が重要となります。また、株式報酬には、株主との価値共有（セイムボート）を図り、中長期的な企業価値の向上を目的とする側面もあることから、短期的な株価向上ではなく、中長期的に株式価値を向上させるインセンティブとして機能しているかを待機期間（ベスティング期間）で測ることができます。なお、機関投資家は一般的に２～３年の待機期間、または、退職日まで譲渡制限を解除しないことを求めるようです（前掲磯野・商事法務2211号78頁）。

また、どのような場合に何株の株式を交付するかなどの交付の条件（上記（1）③）は、事後交付型の株式報酬として機能するために重要な事項であり、具体例としてパフォーマンス・シェア（PS）があります。

パフォーマンスシェアは、一定の業績達成等を条件に株式を事後的に付与するものです。業績要件により、役員には具体的な目標達成に向けたインセンティブを付与することができます。会社としても外部環境等も株価に反映されるため、報酬として、具体的な業績達成を条件にすることにはメリットがあります。業績要件は利益の状況、株式の市場価値の状況、売上高の状況に係る指標があり、単年度だけではなく複数事業年度のものもあります。このような指標の業績との連動性や計算根拠の明確性は、適切なインセンティブになっているか等を判断するために重要です。

その他、リテンション目的や中長期的な企業価値の向上という観点から、役員の退職日に株式を交付する譲渡制限付株式報酬の事後交付型（RSU）もあります。事後交付型は事前交付型と比べて、対象期間中の議決権行使や配当金受領による問題がなく、株主の理解を得やすいという特徴があります。

上記のように、株式を交付する条件は、実質的に報酬等の内容となっていると評価できます。また、株式報酬に対して、不正な経営者支配を助長するおそれなどを懸念する指摘があります。不正な買収防衛策等に用いられる可能性がないかどうかについて株主が一定の判断をできるようにするため、交付条件の要綱は重要であり、上記（1）②から④の事項が決議事項とされました。

なお、詳細な条件の全てを決議事項とすることは適当でない場合もあることから、その要綱を決議事項とすれば足りるものとしています。

（3）　新株予約権の場合（361条1項4号、施行規則98条の3）

取締役の報酬等として当該株式会社の新株予約権を付与する場合は、定款または株主総会決議で次の事項を定める必要があります。

①当該株式会社の新株予約権の数の上限

②236条1項1号から4号までに掲げる事項（236条3項の場合には、236条1項1号、3号および4号に掲げる事項ならびに236条3項各号に掲げる事項）

③一定の資格を有する者が当該新株予約権を行使することができることとするときは、その旨及び当該一定の資格の内容の概要
④②及び③に掲げる事項のほか、当該新株予約権の行使の条件を定めるときは、その条件の概要
⑤236条1項6号に掲げる事項（新株予約権の譲渡承認）
⑥236条1項7号に掲げる事項の概要（新株予約権の取得条項等）
⑦当該新株予約権を交付する条件を定めるときは、その条件の概要

新株予約権については、将来の持株比率の希釈化の程度、取締役に対するインセンティブとしての機能、不正な買収防衛策に用いられないかを確認するため、①当該株式会社の新株予約権の数の上限を揚げています。また、新株予約権の中核的な内容と考えられる236条1項1号から4号までに掲げる事項（目的である株式の数（または、算定方法）、行使価格（または、算定方法）、非金銭を行使の対価とする場合はその内容、行使期間）を、上記②に掲げています（236条3項の場合は行使価格にかえて、同条3項各号に掲げる事項）。

次に、株式の②から④までに掲げる事項と同じ趣旨で、③から⑦までに掲げる事項を株主総会の決議によって定める事項としています。ただし、詳細なものとなる懸念がない⑤に掲げる事項についてはその概要で足りるものとはしていません（部会資料20 4～6頁）。

3　指名委員会等設置会社の場合

上記**1**および**2**の議論の趣旨は、指名委員会等設置会社における報酬委員会の決定事項についても、同様に妥当するため、409条3項もあわせて改正されました。ただし、報酬委員会の決定事項との関係から「当該株式の数（種類株式発行会社にあっては、株式の種類及び種類ごとの数）の上限」とあるのは「当該株式の数（種類株式発行会社にあっては、株式の種類及び種類ごとの数）」と、「当該新株予約権の数の上限」とあるのは「当該新株予約権の数」とするものとなりました。

4　報酬等の議案の説明

改正前361条4項は、不確定報酬や非金銭報酬について、その算定方法

や内容だけでは株主が必要性や合理性を判断できないため相当性を説明することとなっています。新たに規定された事項についても、同様に単なる金額の相当性にとどまらず、当該事項を定める必要性や合理性についても相当である理由の説明が必要となります（中間試案補足説明26～27頁）。

また、取締役の報酬等の決定方針を取締役会で定める改正（**Q14**）が行われたことから、株主総会に確定金銭報酬の議案を提出した場合も、その相当性を説明するよう361条４項が改正されました。確定金銭報酬についても、報酬内容の透明性が求められ、様々な種類の報酬が複合的に採用されていることから、金額の水準やインセンティブとの関係での相当性の説明は必要と考えられるためです（竹林ほかⅢ８頁）。取締役会で報酬等の決定方針を定める前であっても、当該議案の可決後、取締役会が報酬等の決定方針を定めることが想定される場合は、当該報酬等の決定方針の想定内容は、株主にとって重要な判断材料であり、当該議案の内容の合理性や相当性を基礎づけるものであると考えられますので、説明が必要となります。

なお、取締役の報酬等の内容に関する取締役会の決定方針が説明の対象として規定されていません。これは、株主総会で報酬関係議案の決議を行う前に報酬額決定方針の説明義務を定めることは法制上困難ということであって、会社が取締役会等においてあらかじめ報酬等の決定方針等を定めることを否定する趣旨ではありません（第19回部会議事録６～７頁・藤田委員発言・竹林幹事発言）。

（浅尾　綾乃）

16 取締役の報酬等である株式および新株予約権について、どのような特則が定められましたか？

Check 202条の2（新設）、205条3項・4項（新設）、209条4項（新設）、236条3項・4項（新設）、911条3項12号ハ（新設）、計算規則42条の2（新設）、42条の3（新設）、54条の2（新設）

Point
① 適用対象は上場会社
② 株式を取締役の報酬として交付する場合に、財産出資を不要とした
③ 新株予約権をストックオプションとして交付する場合に、その行使における財産出資を不要とした

1　株式について

改正会社法では、上場会社が取締役の報酬等として株式を交付する場合においては、株式の募集事項として、①募集株式の払込金額またはその算定方法（199条1項2号）、②募集株式と引換えにする金銭の払込期日等に関する事項（同項4号）のいずれも定める必要がなくなりました（改正202条の2第1項）。この場合においては、次の事項を定める必要があります。

・募集株式と引換えにする出資の履行を要しない旨（同項1号）
・募集株式を割り当てる日（同項2号）

2　新株予約権について

改正会社法では、上場会社が取締役の報酬等として新株予約権を発行する場合においては、新株予約権の内容として、その行使に際して出資される財産の価額またはその算定方法（236条1項2号）を定めることを要しない、

とされました（改正236条３項）。この場合においては、次の事項を定める必要があります。

・新株予約権の行使に際してする出資を要しない旨（同項１号）
・改正361条１項４号または５号ロの規定による定めに係る取締役（取締役であった者を含む）以外の者は、当該新株予約権を行使することができない旨（同項２号）

解説　Explanation

改正会社法では、取締役の報酬等である株式および新株予約権に関して、①募集株式の発行または自己株式の処分（以下「募集株式の発行等」という）の手続に関する特例、および②新株予約権の発行手続に関する特例を設けることによって、財産の出資を不要とする募集株式の発行等および新株予約権の行使が認められることとなりました。

以下、株式の場合と新株予約権の場合の各々について、改正の背景、特則の内容（概要、主な留意点）について紹介します。

1　株式を報酬とする場合

（1）　改正の背景

現行法の実務では、取締役の報酬等として株式を交付しようとする株式会社においては、取締役の報酬等を金銭と定めた上で、会社法第199条第１項の募集をし、取締役に募集株式を割り当て、引受人となった取締役に株式会社に対する報酬支払請求権を現物出資財産として給付させることによって株式を交付するということが行われています。

しかし、このような実務に対しては、取締役への適切なインセンティブを付与するために株式等を報酬等として交付することの意義が注目されている近年の状況を踏まえ、上場会社においては、このような現物出資の方法によらずに、かつ、金銭の払込みを要しないで、株式を報酬等として交付することを認めるべきとの指摘がされていました。

一方で、上場会社以外の株式会社の株式については市場価格がなく、その公正な価値を算定することが容易ではないため、取締役の報酬等として金銭の払込み等を要せずに株式の発行等を認めると、それが濫用され、不当な経営者支配を助長するおそれがある、等の問題点も指摘されていました（中間試案補足説明27〜28頁、神田Ⅲ11頁参照）。

このような議論を踏まえて、改正会社法では、上場会社に限定して、株式を取締役の報酬として交付する場合に財産の出資を不要とすることを認めました。

（2） 特則の内容

㋐ 概要　上場会社では、取締役の報酬等について改正361条1項3号に掲げる事項が定款または株主総会の決議にて定められることを前提として、募集株式の発行等をするときに、①募集株式の払込金額またはその算定方法（199条1項2号）、②募集株式と引換えにする金銭の払込期日等に関する事項（同項4号）を定めることが、いずれも不要とされました（改正202条の2第1項）。この場合においては、以下の事項を定める必要があります。

① 募集株式と引換えにする出資の履行を要しない旨（すなわち、取締役の報酬等として当該募集株式の発行または自己株式の処分をするものであり、募集株式と引換えにする金銭の払込みまたは199条1項3号の財産の給付を要しない旨（同項1号））

② 募集株式を割り当てる日（同項2号）

㋑ 特則が適用される範囲　本制度を利用できる会社の範囲は、上場会社（金融商品取引法2条16項に規定する金融商品取引所に上場されている株式を発行している株式会社）に限定されています。

また、本制度は、株式を取締役の役員報酬とする場合のみを念頭においているため、その対象者は、（定款または株主総会の決議による）改正361条1項3号の定めに係る取締役（取締役であった者を含む）に限定されています（改正205条3項）。

㋒ 株主となる時期　取締役の報酬等として金銭の払込み等を要しない場合において、募集株式の引受人は、割当日に株主になるとされました（改正209条4項）。

(エ) **有利発行規制の適用除外**　取締役の報酬等として金銭の払込み等を要しないで株式の発行等をする場合には、株式の払込金額を定めることを要しないことから（改正202条の２第１項）、有利発行規制（199条２項３項・201条１項）は適用されないと解されています。その理由として、株式会社が取締役の報酬等として株式の発行等をする場合、当該株式は取締役の職務執行の対価として交付されるため、金銭の払込みを不要とすることが特に有利な条件に該当するとは想定し難いこと等が指摘されています（竹林ほかIII10頁参照）。

(オ) **指名委員会等設置会社の場合**　指名委員会等設置会社の場合についても、同趣旨により必要な手当てがされています。すなわち、改正202条の２第１項に掲げる、「定款又は株主総会の決議による第361条第１項３号に掲げる事項についての定め」は、「報酬委員会による第409条第３項第３号に定める事項についての決定」とされ、また、「取締役」は「執行役又は取締役」とされます（改正202条の２第３項）。

2　新株予約権を報酬とする場合

(1)　改正の背景

現行法上、新株予約権の発行の場面では、募集新株予約権と引換えに金銭の払込みを要しないこととすることが認められているため（238条１項２号）、取締役に対する報酬等として、新株予約権を金銭の払込みまたは財産の給付を要しないで交付することができます（無償構成による交付）。実務上は、新株予約権についても、取締役の報酬等を金銭と定めた上で、取締役に募集新株予約権を割り当て、引受人となった取締役に会社に対する報酬債権を相殺させることによって新株予約権を交付するという構成が多く行われています（相殺構成による交付）。このような相殺構成による交付が行われている背景として、相殺構成による交付は有利発行規制（同条３項）に該当しないことが明確であること等が指摘されています（神田III10頁参照）。

他方で、新株予約権の行使の場面においては、現行法上、その行使に際して必ず財産の出資をしなければならないとされているため（236条第１項２号参照）、実務上、行使価額を１円にすることにより実質的に行使に際する財産の出資を要しない新株予約権を交付するということが広く行われています。部会では、このような実務を踏まえて、新株予約権をいわゆるストックオプションとして交付する場合には、端的に、新株予約権の行使に際して財産の出資をすることを要しないとすることを認めるべきとの指摘がなされました（中間試案補足説明27頁参照）。

このような議論を踏まえて、改正会社法では、上場会社に限定して、新株予約権をいわゆるストックオプションとして交付する場合に、その行使に際しての財産出資を不要とすることが認められました。

（2） 特則の内容

㈠ 概要　上場会社では、取締役の報酬等として新株予約権を発行する場合には、改正361条1項4号または同項5号ロに掲げる事項を定款または株主総会の決議にて定めることを前提に、その行使に際して出資される財産の価額またはその算定方法（236条1項2号）を新株予約権の内容に含めることを要しないとされました（改正236条3項）。この場合においては、次の事項を定める必要があります。

① 新株予約権の行使に際してする出資を要しない旨（同項1号）

② 361条1項4号または5号ロの規定による定めに係る取締役（取締役であった者を含む）以外の者は、当該新株予約権を行使することができない旨（同項2号）

㈡ 特則が適用される範囲　株式の場合と同様に、上場会社に限定されており、また、取締役または取締役であった者に新株予約権が交付される場合にのみ適用されます（改正236条3項）。

㈢ 指名委員会等設置会社の場合　株式の場合と同様に、指名委員会等設置会社の場合についても、同趣旨の必要な手当てがされています。すなわち、改正236条3項に掲げる、「定款又は株主総会の決議による第361条第1項4号又は第5号ロに掲げる事項についての定め」は、「報酬委員会による第409条第3項第4号又は第5号ロに定める事項についての決定」とされ、また、「取締役」は「執行役又は（若しくは）取締役」とされました（改正236条4項）。

㈣ 登記　改正236条3項各号の事項を定めたときは、その定めを登記する必要があります（改正911条３項12号ハ）。

3　資本金または資本準備金として計上すべき額

資本金または資本準備金として計上すべき額は、法務省令で定めることとされています（改正445条６項）。

株式の発行により計上すべき資本金等の額は、原則として、株式の発行に際して株主となる者が当該株式会社に対して払込みまたは給付をした財産の額となります（445条１項）。しかし、募集株式と引換えにする金銭の払込み等を要せずに株式が発行される場合（改正202条の２）や、新株予約権の行使における金銭の払込み等を要しない新株予約権（改正236条３項）が行使されて株式が発行される場合には、上記の原則的な規律とは異なり、一般に公正妥当と認められる企業会計の慣行を踏まえた規律とすべきである等と指摘されています（竹林ほかIII10頁参照）。そこで、本改正では、計上すべき資本金等の額は、取締役等が株式交付を受ける対価として当該株式会社に提供した役務の「公正な評価額」（計算規則42条の２第１項１号イ・ロ）から同項２号の額を減じて得た額に株式発行割合を乗じて得た額とされました（計算規則42条の２第１項柱書）。

そのほか、資本金または資本準備金の計上については、事業年度ごとに少しずつ、当該事業年度に対価として提供された役務の評価額を計上していくこと（計算規則42条の２第１項）等の細目が定められました（計算規則42条の２・42条の３・54条の２）。

（新堀　光城）

17 会社役員の報酬等について、事業報告の情報開示は、どのように充実しましたか？

Check　施行規則121条柱書・4号・5号の2から6号の3（一部新設）、122条1項2号（新設）、123条1号

Point
① 適用対象は公開会社
② 会社役員の報酬等の透明性を促進するために、事業報告による開示を充実化
③ 開示すべき事項は法務省令において規定

公開会社において、会社役員の報酬等について情報開示の充実を図るため、以下の事項が事業報告の内容とされました。

①個人別の報酬等の決定方針に関する事項
②報酬等についての定款の定めまたは株主総会の決議に関する事項
③取締役会の決議による報酬等の決定の委任に関する事項
④業績連動報酬等および非金銭報酬等に関する事項
⑤職務執行の対価として株主会社が交付した株式または新株予約権等に関する事項
⑥報酬等の種類ごとの総額

解説　Explanation

本改正は、取締役を含む会社役員の報酬等について、公開会社における事業報告による情報開示の充実を図るものであり、詳細は法務省令で規定されています。

現行法上、公開会社では会社役員の報酬等に関する一定の事項を事業報

告で開示することとされていますが（改正前施行規則121条４号から６号等・119条）、事業報告における会社役員の報酬等に関する開示内容は不十分であり、これを充実するための見直しをすべきとの指摘がなされていました（中間試案補足説明28頁）。そこで、本改正では、公開会社を対象に、会社役員の報酬等に関する以下の事項について、事業報告による情報開示の充実を図るものとされました。

① 個人別の報酬等の決定方針に関する事項（施行規則121条６号・６号の２）

② 報酬等についての定款の定めまたは株主総会の決議に関する事項（同条５号の４）

③ 取締役会の決議による報酬等の決定の委任に関する事項（同条６号の３）

④ 業績連動報酬等および非金銭報酬等に関する事項（同条５号の２・５号の３）

⑤ 職務執行の対価として株主会社が交付した株式または新株予約権等に関する事項（施行規則122条１項２号・123条１号）

⑥ 報酬等の種類ごとの総額（施行規則121条４号）

以下、各事項の改正の背景、主な内容について紹介します。

1　個人別の報酬等の決定方針に関する事項（施行規則121条６号・６号の２）

現行法上、公開会社である指名委員会等設置会社においては、各会社役員の報酬等の額またはその算定方法に係る決定に関する方針を定めているときは、当該方針の決定方法および方針内容の概要を事業報告に含めなければなりません（改正前施行規則121条６号）。一方で、指名委員会等設置会社以外の株式会社においては、これらの事項を事業報告の内容に含めなくてもよいとされています（同条柱書ただし書）。

しかし、株主が、取締役の報酬等の内容が取締役に対して適切なインセンティブを付与するものとなっているかを確認するためには、取締役の個人別の報酬等に係る決定に関する方針が株主に対して説明される必要がある旨が指摘されています。そこで、個人別の報酬等の内容に係る決定方針に関する事項について情報開示の充実を図るものとされました（中間試案補足説明28～29頁）。

具体的には、監査役会設置会社（公開会社であり、かつ、大会社であるものに限る。）であって上場会社であるもの、監査等委員会設置会社または指名委員会等設置会社は、取締役・執行役の個人別の報酬等の内容についての決定に関する方針を決定しなければならないとされました（改正361条7項・409条1項、施行規則98条の5）。そのうえで、それに関する情報開示として、株式会社が改正361条7項の方針または409条1項の方針を定めているときには、以下の事項を事業報告の内容に含めなければならないとされました（施行規則121条6号）。

① 当該方針の決定の方法（同号イ）

② 当該方針の内容の概要（同号ロ）

③ 当該事業年度に係る取締役・執行役の個人別の報酬等の内容が当該方針に沿うものであると取締役会（指名委員会等設置会社にあっては、報酬委員会）が判断した理由（同号ハ）

また、監査役会設置会社（公開会社であり、かつ、大会社であるものに限る。）であって上場会社であるもの、監査等委員会設置会社または指名委員会等設置会社が、各会社役員の報酬等の額またはその算定方法に係る決定方針を定めているときには、以下の事項を事業報告の内容に含めなければならないとされました（施行規則121条6号の2・同条柱書ただし書）。

④ 当該方針の決定の方法およびその方針の内容の概要

2 報酬等についての定款の定めまたは株主総会の決議に関する事項（施行規則121条5号の4）

現行法上、報酬等についての株主総会決議等に関する事項を、事業報告に含めるべきとの規定はありません。また、実務上、株主総会決議等によって定められた取締役の報酬総額の最高額を長期間にわたり変更せず、取締役の員数が半数以下になっても総額の最高限度額を変更していない株式会社があると指摘されています。取締役への適切なインセンティブ付与の観点からは、取締役会への委任の有無およびその範囲は重要な情報である上、事情変更があっても最高限度額を変更しなければ新たな株主総会決議を要しないということはお手盛り防止の趣旨からして問題があると考えられます。

そこで、公開会社において、現在有効な取締役会への委任範囲が適切かどうかについて株主が判断することができるように、会社役員の報酬等に関する定款の定めまたは株主総会決議による定めに関する事項について情報開示の充実を図る改正がされました（中間試案補足説明29頁）。

具体的には、次の事項を開示しなければならないとされました（施行規則121条5号の4）。

・当該定款の定めを設けた日または当該株主総会の決議の日（同号イ）
・当該定めの内容の概要（同号ロ）
・当該定めに係る会社役員の員数（同号ハ）

3　取締役会の決議による報酬等の決定の委任に関する事項（施行規則121条6号の3）

現行法上、取締役会による各取締役の報酬等の内容に係る決定の再一任に係る事項を、事業報告に含めるべきとの規定はありません。代表取締役等への再一任に合理性がある場合があるのであれば、再一任をしている旨を事業報告において開示する必要があるとの指摘がされました（中間試案補足説明30頁）。

そこで、公開会社の取締役会設置会社（指名委員会等設置会社を除く。）においては、取締役会から委任を受けた者が、当該事業年度に係る取締役（監査等委員である取締役を除く。）の個人別の報酬等の内容の全部または一部を決定したときは、次の事項を開示しなければならないとされました（施行規則121条6号の3）。

・当該決定がされた旨（同号柱書）
・当該委任を受けた者の氏名等（同号イ）
・委任された権限の内容（同号ロ）
・当該者に当該権限を委任した理由（同号ハ）
・当該権限の適切な行使のための措置を講じた場合は、その内容（同号

ニ）

4　業績連動報酬等および非金銭報酬等に関する事項（施行規則121条5号の2・同条5号の3）

現行法上、業績連動報酬等の算定方法等に関する事項を、事業報告に含めるべきとの規定はありません。業績連動報酬等を付与する場合には、その内容がどのように取締役へのインセンティブの付与として機能するか、意図した業績の達成状況とそれに伴い付与される具体的な報酬等の内容について、株主にわかるように情報開示を充実させるべきとの指摘がされました（中間試案補足説明30頁）。

そこで、公開会社においては、業績連動報酬等に関する事項について情報開示に関する規定の充実を図るために、会社役員の報酬等の全部または一部が業績連動報酬等（施行規則98条の5第2号）である場合には、次の事項を開示しなければならないとされました（施行規則121条5号の2）。

・当該業績連動報酬等の額または数の算定の基礎として選定した業績指標（施行規則98条の5第2号）の内容および当該業績指標を選定した理由（121条5号の2イ）
・当該業績連動報酬等の額または数の算定方法（同号ロ）
・当該業績連動報酬等の額または数の算定に用いた業績指標に関する実績（同号ハ）

また、会社役員の報酬等の全部または一部が非金銭報酬等（施行規則98条の5第3号）である場合には、当該非金銭報酬等の内容を開示しなければならないとされました（施行規則121条5号の3）。

5　職務執行の対価として株主会社が交付した株式または新株予約権等に関する事項（施行規則122条1項2号・123条1号）

現行法上、株式会社が当該事業年度の末日において公開会社である場合、新株予約権等（施行規則2条3項14号）であって、会社役員に職務執行の対価として株式会社が交付したものがあるときは、当該新株予約権等の内容の概要等を事業報告の内容に含めなければならないとされています（施行規則123条１号）。しかし、新株予約権等の場合とは異なり、当該株式会社が職務執行の対価として交付した株式があるときの当該株式の内容の概要等についての規定はありません。また、交付した株式の保有状況についての規定もありません。

そこで、当該株式会社が職務執行の対価として交付した株式または新株予約権等に関する事項について情報開示の充実を図るものとされました（中間試案補足説明30頁）。

具体的には、株式については、当該事業年度中に当該株式会社の会社役員（会社役員であった者を含む。）に対して当該株式会社が職務執行の対価として交付した当該株式会社の株式があるときは、次の事項を、役員の区分（取締役・執行役、社外取締役、監査等委員、それ以外の会社役員）ごとに開示しなければならないとされました（施行規則122条１項２号）。

・株式の数（種類株式発行会社にあっては、株式の種類および種類ごとの数）
・株式の交付を受けた者の人数

6　報酬等の種類ごとの総額（施行規則121条４号）

現行法上、報酬等の種類ごとの総額の開示は求められていません。しかし、取締役の報酬等が取締役への適切なインセンティブの付与となるように、中長期の業績に連動する報酬等の占める割合や、金銭である報酬等の占める割合が適切に設定されることの重要性が指摘されていました。株主が、取締役の報酬等が取締役に対して職務を執行するインセンティブを付与する手段として適切に機能しているか否かを把握するためには、報酬等の種類の内訳は、重要な情報であると考えられます（中間試案補足説明31頁）。

そこで、公開会社において、報酬等の種類ごとの総額について情報開示の充実を図るものとされました。すなわち、事業報告においては、取締役、監査等委員、会計参与、監査役または執行役ごとの報酬等の総額および員数を開示しなければならないとされています（施行規則121条４号イ）。さらに、本改正では、当該報酬等の全部または一部が業績連動報酬等または非金銭報酬等である場合には、この「報酬等の総額」として、①業績連動報酬等の総額、②非金銭報酬等の総額および③それら以外の報酬等の総額を開示しなければならない旨が追加されました（同号イ括弧書）。

7　見送られた事項――個人別の報酬額の開示

個人別の報酬額の開示について、中間試案では、「なお検討する」とされていましたが、プライバシーを理由に開示すべきでない、開示する意義は高くない等の指摘がなされ、パブリックコメント等でも意見が分かれたため、見送られることとなりました。

（新堀　光城）

18 役員等の費用等を補償する契約（補償契約）の内容を決定する手続について、どのような規律が置かれましたか？

Check　430条の2（新設）

Point
① 株主総会（取締役設置会社の場合は取締役会）の決議が必要
② 補償契約の内容の決定は取締役・執行役に委任できない
③ 利益相反取引の規律を適用除外

A

会社法改正により、補償契約の内容を決定する手続が定められました。

補償契約の個別具体的な内容については、株式会社の状況や役員等の職務内容により異なることから、改正法の規律の範囲内で、個々の株式会社と役員等との間の契約によって定めることができることとされました。もっとも、その内容の決定に際しては、取締役会を設置していない株式会社においては株主総会の決議（309条1項）、取締役会設置会社においては取締役会の決議（369条1項）によって決定する必要があります（改正430の2第1項柱書）。この場合において、取締役や執行役に内容の決定を委任することはできません（改正430条の2第1項・399条の13第5項12号・416条4項14号）。また、利益相反取引の規律は、適用を除外することとされています（改正430条の2第6項。なお、同条7項）。

解説　Explanation

1　会社補償の意義

会社補償のために締結される補償契約については、令和元年改正会社法において、株式会社が、役員等に対して、一定の費用または損失の全部または一部を当該会社が補償することを約する契約をいうと定義されました(改正430条の2第1項)。

会社補償については、会社法改正前から、会社の負担によって役員等が金銭的負担から解放される結果、①役員等による積極かつ適切なリスクテイクを期待することができ、また、②優秀な人材を確保することにも繋がるため、会社の成長に資し、ひいては株主価値の向上に寄与するという意義が認められると評価されていました。他方、会社補償は、これまでの実務では会社法330条および民法650条の規定により補償が認められるとの解釈に基づき実行されてきましたが、その契約締結手続や補償の要件について必ずしも確立された解釈があったわけではありませんでした。さらに、会社補償は、会社と役員等との関係では利益が相反するおそれのある取引であるため、当該会社補償によって会社に損害が生じた場合、一定の取締役や執行役には過酷な責任が生じかねません(423条3項・428条1項)。しかし、これでは会社補償が役員等としての職務執行の萎縮の防止や優秀な人材の確保を図る役割を有するものであるにもかかわらず、会社として責任追及をおそれて会社補償契約の締結に消極的になり、その結果役員等におけるリスクからの保護が十分に担保されないことになって、会社補償の役割が十分に果たされないこととなるおそれも生じかねません。

そこで、改正法においては、会社が会社補償にあたり必要な手続を明確にして法的安定性を確保するとともに、利益相反取引規制を適用しないものとしたうえでそれに代わる規律を設け、会社補償が適切に運用されるよう、新たに会社補償(補償契約)に関する規定を設けたのです。

2　補償契約の内容を決定するための手続

(1)　株主総会または取締役会の決議

補償契約の内容を決定するためには、株主総会（取締役会設置会社においては取締役会）の決議が必要とされました（430条の2第1項柱書）。

取締役会設置会社において、取締役会の決議を必要とすることとされた理由は2つあります。1つは、補償契約が、役員等に対する適切なリスク軽減を図る機能を果たすことにより、過度にリスク回避をしないよう職務執行のインセンティブを付与する一手段であり、また、過剰な補償内容であると、違法抑止機能が減殺され、職務の適正性に影響を与えるおそれがあることから、その内容の決定は、株主総会（取締役会）の決定によるべきであること、もう1つは、会社補償が、構造的に会社と役員等との間の利益が相反するおそれがあるものであることから利益相反取引規制（356条1項・365条1項）に準じた手続とする必要があったということです。

このように、補償契約の内容の決定は株主総会（取締役会）の決定によるとの明文の規律を置き、また、利益相反のおそれもある以上、慎重な判断を必要とするため、取締役会設置会社においては、監査等委員会設置会社や指名委員会等設置会社であっても、取締役や執行役に、内容の決定を委任することはできません（430条の2第1項・399条の13第5項12号・416条4項14号）。

なお、取締役会を設置していない株式会社については、会社法改正の審議の過程やパブリックコメントに寄せられた意見では、同族経営の中小企業において株主総会決議を必要とするのは手続として重すぎるなどとして、こうした株式会社においては、補償契約の内容の決定に要する手続は、株主総会の決議ではなく、取締役の過半数の決定によるものとすべきとの意見も出されていました（部会資料18・84頁）。しかし、補償契約の締結が、利益相反のおそれがあるものであることから、取締役会を設置しない株式会社においては、当該会社における利益相反取引規制（356条1項柱書）と同様に、取締役の過半数による決定とするのではなく、株主総会の決議とすることとされました。

（2） 利益相反取引の規律の不適用

会社補償契約が利益相反取引（356条1項2号）に該当するとなると、当該契約によって会社に損害が生じた場合、一定の取締役や執行役には任務懈怠が推定され（423条3項）、また、会社補償を受けた取締役または執行役においては、責めに帰すことができない事由によるものであったとしても免責されないこととなるため（428条1項）、補償契約の活用の萎縮に繋がりかねないという問題が存していました。今回の改正においては、株式会社と取締役または執行役との間の補償契約については、利益相反取引の規律が適用されないことが明文で定められ（430条の2第6項）、さらには、内容の決定について株主総会または取締役会の決議を経た補償契約の場合には、民法108条の規定が適用されないこととされました（430条の2第7項）。

3 補償契約の実施以降の手続

（1） 補償実施のための承認決議は不要

株主総会（取締役会設置会社においては取締役会）において内容の決定された補償契約を締結するとき、および、補償契約に基づき補償を実施するときに、別途、承認決議を必要とする規定は設けられていません。

もっとも、事業年度の末日に公開会社である株式会社は、補償契約を締結している場合に、当該事業年度の事業報告にその内容を含めなければなりません（施行規則119条2号の2・121条3号の2・125条2号・126条7号の2）（詳しくは、**Q20** 参照）。

また、会社の規模、事案の内容や金額の多寡等によって、場合によっては、補償契約に基づく補償の実施が、「重要な業務執行」（362条4項柱書）に該当するとして、別途取締役会決議による承認を要する場合があり得る点には留意が必要です。

（2） 補償実行後の報告義務

会社補償は利益相反取引に該当するおそれもあると考えられていることから、改正会社法は、利益相反取引の規律を適用しないとしつつ、利益相反取引をした取締役・執行役の取締役会に対する取引後の報告義務（365条2項・419条2項）と同様の規律を設けました。すなわち、会社補償においても、取締役会設置会社において補償契約に基づき補償を実施した取締役および補償を受けた取締役には、補償に係る重要な事実につき取締役会への報告義務が課されています（改正430の２第４項）。そして、この規定は、執行役にも準用されています（改正430条の２第５項）。

これにより、補償契約について、取締役会において適切に事後的な監督が可能になるものと考えられます。

4　民法650条に基づく請求

会社補償の規律は、「民法で補償が認められる範囲を狭めようという意図」ではなく（第12回部会議事録33頁・竹林幹事発言）、会社法で補償が認められる範囲を明確にする趣旨で設けられたものです。

したがって、令和元年の会社法改正後においても、従前の解釈運用で認められてきたように、330条および民法650条に基づき、役員等は過失なく損害を受けたときは、会社から補償を受けることができると考えられます。

（全　未来）

19 補償契約の内容について、どのような規律が置かれましたか？

Check　430条の2第1項、2項、3項（新設）

Point
① 役員等が支出する防御費用は会社補償の対象
② 役員等の第三者への損害賠償・和解金支払による損失も対象
③ 上記①②の費用・損失でも、一定の場合には補償を認めない

改正法により、会社補償の対象となる費用と損失、そして、これらの費用・損失であっても補償を認めない場合、あるいはすでに補償してしまった場合には会社に返還請求を認める場合について規律が置かれました。

すなわち、①役員等が支出する防御費用と、②役員等の第三者への損害賠償・和解金支払による損失は、会社補償の対象とされました。

他方、上記①②の費用・損失であっても、①防御費用について、ア）当該費用が通常要する額を超える場合、また、②第三者への損害賠償・和解金支払について、イ）役員等が会社に対して任務懈怠責任を負うこととなる場合およびウ）役員等の職務執行に悪意・重過失があった場合には、費用または損失の全部または一部について補償が認められません。さらに、エ）上記①の費用を補償した会社が当該役員等の図利加害目的を知った場合は、会社は当該役員に対して補償した金銭相当額の返還請求ができることとされました。

解説 Explanation

1 趣 旨

これまで、会社補償については会社法上に規定はなく、解釈によって運用されており、いかなる場合にいかなる範囲までが適正に補償することのできる費用等であるかは明らかではありませんでした。

このように、どのような場合にどの範囲で補償されるのかが明らかでないことは、役員等において補償されるか否かを予め把握することができず、また、場合によっては、後日、返還を求められる可能性も残し、役員等の果断な経営判断への動機を削ぐ原因ともなりかねないものです。他方で、無制限に補償をすることが認められるとなると、リスクからの保護が行き過ぎる結果、職務執行の適正を害することにもなりかねないことから、法律により、補償契約を締結することによって補償することができる範囲および補償契約を締結したとしても補償することができない場合を明らかにするため、改正法によって新たに規律が設けられました。

2 「費用」(430の2第1項1号)

改正法は、「役員等が、その職務の執行に関し、法令の規定に違反したことが疑われ、又は責任の追及に係る請求を受けたことに対処するために支出する費用」を会社補償の対象としています。

(1) 「費用」の意義

(ア) 防御費用　ここで想定されている「費用」とは、弁護士報酬や裁判所等への出頭のための旅費、通信費や送料のほか、争訟費用といったいわゆる防御活動のためのあらゆる費用を対象としていますが、損害賠償金や罰金、課徴金等は含まれません。損害賠償金等は、原因行為をしたことによって生じるものであって、「法令の規定に違反したことが疑われ、又は責任の追及に係る請求を受けたことに対処するために支出する費用」ではないためです(中間試案補足説明32-33頁)。

(イ) 「責任追及」をする主体　「責任の追及に係る請求を受けたことに対処するために支出する費用」は、その文言どおり、責任を追及する主体を“第三者”に限定していません。そのため、会社自らが役員等に対して責任追及している場合の防御に要する「費用」であっても、補償の対象となります。これは、責任を追及する者が会社であることをのみをもって、補償を認めないとする必要性を欠くことから、限定が付されなかったものと考えられます。

ただ、補償できるのは「費用等の全部又は一部」であり、全てが補償の対象となることは必ずしも想定されていないため、補償契約において、会社が責任を追及する場合には、補償しないあるいは範囲を限定することなどは否定されません。

(ウ) 悪意重過失の場合——主観的要件を問わず補償　防御費用は、役員等がその職務執行にあたり故意重過失があったか否かを問わず、補償の対象とすることができます。このように、悪意重過失の有無を問わず、防御費用につき補償の対象とすることが認められた理由は、①悪意重過失の場合に「費用」を補償したとしても、職務の適正を害するおそれが高いとはいえないこと、②防御費用は、トラブル発生頃から進行過程において必要となる可能性が高いものであるところ、当該必要が生じた時点で悪意重過失の有無を判断することが難しいこと、そして、③かかる費用を会社が負担することが、ひいては会社の損害拡大を抑止するために資し、会社の利益になることもあると考えられるためです（部会資料25・10-11頁）。

(2) 補償の対象とならないケース

(ア) 図利加害目的を有するときの返還　もっとも、役員等において図利加害目的をもって職務を執行していたような悪質な場合にまで会社の費用で防御費用が賄われたのでは、役員等の職務の適正を害することが懸念されます。そこで、このような場合には、会社は、当該役員に対し、補償した費用の返還を求めることができるとされました（430条の2第3項）。また、補償契約によって補償することができるのは「費用等の全部又は一部」ですから（430条の2第1項柱書）、個別の補償契約の内容において、悪意重過失が存すると会社が判断した場合には、補償の対象外とする旨を定めることも認められると考えられています。

(イ) 通常要する費用の額を超える部分　補償の対象となるのは、「通常要する費用の額」であり、これを超える部分は、補償をすることができません（430条の２第２項１号）。この「通常要する費用の額を超える部分」との文言は、要綱の段階では「相当と認められる額を超える部分」とされており、会社法852条１項において勝訴した株主が会社に請求することのできる「相当と認められる額」との関係性が問題となりました。しかし、最終的には「通常要する費用の額を超える部分」という文言で条文化され、同要件は、会社法852条１項とは異なる要件として、費用の通常の水準を基準とするものであることが明確にされました。

3 「損失」（430の２第１項２号）

令和元年改正法は、役員等が、その職務の執行に関し、第三者に生じた損害を賠償する責任を負う場合において、ｉ）当該損害を賠償することにより生ずる損失、または、ⅱ）当該損害の賠償に関する紛争に和解が成立したときに、当該役員等が和解金を支払うことにより生ずる損失について、会社補償の対象としています。

（1）「損失」の意義

㋐ 損害賠償金（430の２第１項２号イ）　上記のとおり、役員等の第三者に対する損害賠償金は、「損失」に当たることが明文で定められました。これに対し、役員等が負担すべき罰金・課徴金は、「損失」に該当しません。これらについてまで補償することを認めてしまうと、罰金・課徴金を課すこととした各規律の趣旨を没却することとなるため、これらの金員については補償の対象外とされています。

㋑ 和解金（430の２第１項２号ロ）　和解金についても、①損害額についてのみ争いが存する場合には、実質的には損害賠償金と異なるものではなく、また、②それ以外の場合でも、“第三者に対する金銭の支払”という点において、通常の損害賠償金と異なるものではないため、「損失」に含まれることが明文で定められました。

このように、和解金が補償の対象となることが明文で定められたことから、従前の解釈において、和解が成立する場合、必ずしも役員等の「過失」の存否が明らかになるわけではなく、補償してよいものかが必ずしも判然とせず、補償の実施を躊躇しうるといった問題が排斥されることとなりました。

(ウ) 会社が支払う解決金　会社が当事者として、瑣末なトラブルに関して、早期解決を目的に解決金といった名目で金銭を支払う場合には、会社が役員等に生じた損失を負担するという“会社補償”の問題ではないとされています。そのため、会社が支払ういわゆる解決金は、損失の補償には該当しませんし、かかる解決金については、事業報告の対象にもなりません。

(2) 補償の対象とならないケース

(ア) 会社に対して任務懈怠責任を負うこととなる場合　役員等が会社に対して423条1項の責任を負う場合に、かかる損害賠償金について会社が補償すると、実質的には役員等の会社に対する責任を免除するのと同じことになります。これは、本来であれば、責任の減免のためには、会社法424条ないし427条の手続によるべきところ、これらの手続を経ずに責任の減免を認めることに等しく、手続の潜脱を容認することになるという問題が生じます。そこで、会社と役員等の双方が第三者に対して損害賠償責任を負い、会社が当該第三者に対して損害賠償をすると当該役員等が会社から任務懈怠責任に基づいて求償を受けることになるような場合などでは、当該責任に係る部分について会社は補償することができないこととされました（改正430条の2第2項2号）。

(イ) 悪意重過失の認められる場合　「費用」と異なり、「損失」については、役員等の職務執行につき「悪意又は重大な過失」があった場合には、補償契約を締結したとしても、損失の全額につき補償はできません（430条の2第2項3号）。これは、悪意や重大な過失がある場合にまで補償の対象とすると、職務の適正性を害すること、また、「費用」の場合と異なり、補償の対象外としても、職務執行の萎縮には繋がらないと考えられるためです。

ここにいう「重大な過失」は、会社法425条ないし427条にいう「重大な過失」と同義に解されるものと考えられます。

この悪意重過失の要件について、会社法改正の審議の過程では、悪意重過失があることが“明らか”な場合に限り補償の対象外とするとすることも検討されていました。しかし、“明らか”な場合に限定してしまうと、補償を実施した当時においては“明らか”ではなかったがために補償を実施したけれども、後日、悪意重過失であることが判明しても、役員等に対し、補償費用について返還を求めることができないという、職務の適正確保の観点から看過しえない問題が生じることになるとの意見も出され、“明らか”という限定を付す要件は、改正法において採用されませんでした（部会資料12・11頁）。

（全　未来）

20 補償契約について、事業報告の内容とされる事項は何ですか？

Check 法務省令で定められる予定。

Point
① 公開会社における規律
② 当該役員の氏名・補償契約の内容の概要
③ 費用や損失を填補したときの一定の情報

株式会社が事業年度の末日において公開会社である場合において、当該会社が補償契約を締結している場合には、当該契約を締結している取締役および監査役（会計参与設置会社においては会計参与、会計監査人設置会社においては会計監査人）の氏名、当該補償契約の内容の概要（当該補償契約によって当該役員の職務の適正性が損なわれないようにするための措置を講じているときは、その措置の内容を含む。）について、事業報告の内容に含める必要があります。

また、補償を実施した場合には、ⅰ）それが「費用」の補償である場合は、職務の執行に関し当該役員に責任があること、または当該役員が法令に違反したことが認められたことを知ったときはその旨、ⅱ）それが「損失」の補償である場合は、補償を実施した旨、および補償した金額について、事業報告の内容に含める必要があります。

解説 Explanation

1 事業報告による開示

改正法により、補償契約に関する規律が新たに設けられましたが、補償契約の内容によっては、過大な補償となり損害賠償制度による違法性抑止機能が減殺され、役員等の職務の適正性に影響を与えるおそれが生じます。また、補償契約そのものが類型的に利益相反性の高いものもあることから、公開会社である株式会社においては、補償契約を締結している場合に、一定の事項を事業報告において開示することとされました（施行規則119条２号の２・121条３号の２・125条２号・126条７号の２）。

また、補償契約に基づき補償を実施するときには、原則として別途手続を要しないとされていることから、株主において、補償が実施されたことを知り、また、その補償の要否や相当性を判断するための手段を設ける必要があることとなります。そのため、公開会社である株式会社においては、補償を実施した場合にも、一定の事項につき事業報告で報告することとされました。

2　開示内容

(１)　役員の氏名（規則121条３号の２イ・125条２号イ・126条７号の２イ）

公開会社である株式会社が、取締役または監査役と補償契約を締結している場合、事業報告において当該取締役または監査役の氏名を開示する必要があります。会計参与設置会社においては会計参与、会計監査人設置会社においては会計監査人と補償契約を締結している場合は、当該会計参与または会計監査人の氏名が開示の対象となります。

補償契約は執行役とも締結することができますが、執行役については、事業報告の開示の対象とはされていません（要綱10頁）。

(２)　補償契約の内容の概要（施行規則121条３号の２ロ・125条２号ロ・126条７号の２ロ）

公開会社においては、「締結した補償契約の内容の概要」および「職務の適正性が損なわれないようにするための措置を講じているときは、その措置の内容」についても、事業報告において開示することとされています。記載の程度については、責任限定契約（427条１項）においても「契約の内容の概要」および「職務の適正性が損なわれないようにするための措置を講じているときは、その措置の内容」を開示することが求められており（規則121条１項３号）、これと同程度とすることが考えられます（第12回部会議事録27頁・北村委員発言)。

「職務の適正性が損なわれないようにするための措置」の内容については、たとえば次のようなものが考えられます(旬刊商事法務2134号20頁参照)。

・一定の金額を超えて損害賠償金を補償する場合には、取締役会において3分の2以上の賛成による承認を要する。
・悪意重過失が存する場合、防御費用については、○円を超えては補償しない。
・損害賠償金等は、○円を超える場合には、○円を超えた部分の○割に限って補償する。
・補償を実施するためには、社外取締役全員の同意を得なければならない
・会社が原告となる損害賠償請求訴訟においては、防御費用については補償しない

(3) 防御費用を補償した場合(施行規則121条3号の3・125条3号・126条7号の3)

会社補償の実施の手続として、別途承認決議などは求められていないため、補償を実行したか否かについて、株主が知りうる機会を設けるものとして、補償を実施した事実は明らかにすべきと考えられ、公開会社が補償を実施した場合には、その旨を事業報告において開示することとなります。

会社が防衛費用などを補償した場合は、費用を支払った「事業年度において、当該会社役員が同号の職務の執行に関し法令の規定に違反したこと又は責任を負うことを知ったときは、その旨」(施行規則121条3号の3)を、「株式会社の会社役員に関する事項」(施行規則119条2号)として事業報告の内容とすることがと定められています。なお、事業報告には、会社として法令違反などの事実があったことを抽象的に記載すれば足り、具体的にいかなる法令に違反したのかについてまで記載することまでは想定されていないと解されます(第16回部会議事録36頁・竹林幹事発言)。

会社法改正の審議の過程では、補償を実施した役員等の氏名をも事業報告の内容として開示することが検討されていました。しかし、現代においては、事業報告がインターネット上でも公開され多くの人が目にすることができ、金銭の支払を負担するよりもずっと重い制裁として機能する可能

性もあり、役員等において補償の実施を拒み、かえって、会社補償本来の意義を減殺することとなるといった指摘がなされ、結果として、補償を実施した役員等の氏名については開示対象とはされませんでした。

(4) 損害賠償などによる損失を補償した場合（施行規則121条3号の4・125条4号・126条7号の4）

会社が、役員等による損害賠償などにより生じる損失の補償を実施した場合、会社補償の濫用防止および株主に対する情報提供のため、補償を実施した旨を開示することとされています。また、損失を補償した場合は、これに加え、補償した金額についても開示の対象とされています。

会社法改正の審議の過程では、補償を実施した相手方についても開示することが検討されていました（中間試案第2部第1・2⑤の注、9頁）。しかし、和解においては、和解内容において相手の情報を秘匿することが含まれている場合もあること、開示範囲が広範に及ぶとかえって会社補償の実施の萎縮を招くことから、相手方については開示の対象とされなかったものと考えられます。

また、補償を実施した役員の氏名を公開の対象とすることについても、審議過程においては検討されていましたが（部会資料25・13頁）、補償を実施した事実を開示すると、新たな訴訟を誘発するおそれがあることなどから、役員名については非表示とされたものと考えられます。

（全　未来）

21 役員等賠償責任保険契約を締結する手続について、どのような規律が置かれましたか？

Check　430条の3（新設）

Point	① 株主総会（取締役会設置会社では取締役会）の決議で契約内容を決定 ② 契約内容の決定を取締役または執行役に委任することはできない ③ 利益相反取引規制は適用されない

これまで会社法上、会社役員賠償責任保険（以下「D&O 保険」という）に関する規定はありませんでしたが、令和元年の改正で、「役員等賠償責任保険契約」に関する規定が創設されました。役員等を被保険者とする D&O 保険は、株主代表訴訟担保特約などの特約も含めてこの規定の適用を受けます。そして、役員等賠償責任保険契約の内容を決定するには、非取締役会設置会社においては株主総会の決議によらなければならず、他方、取締役会設置会社においては取締役会の決議によることとされました。後者においては、監査等委員会設置会社または指名委員会等設置会社であっても、当該決定を取締役または執行役に委任することができません。また、取締役や執行役を被保険者とする保険契約であっても、その締結について利益相反取引規制は適用されません。

なお、役員等賠償責任保険契約の定義から除外される保険契約については **Q22**、役員等賠償責任保険契約を締結しているときに事業報告に記載する必要のある事項については **Q23** をご参照ください。

解説　Explanation

1　役員等賠償責任保険契約に関する規定創設の経緯

D&O 保険とは、「保険契約者である会社と保険者である保険会社の契約により、被保険者とされている役員等の行為に起因して、保険期間中に被保険者に対して損害賠償請求がなされたことにより、被保険者が被る損害を塡補する保険」をいいます（経産省「会社役員賠償責任保険（D&O 保険）の実務上の検討ポイント」）。D&O 保険では、一般的には、①「普通保険約款」により役員等が第三者から賠償請求されたことにより被る損害を塡補し、②「株主代表訴訟担保特約」により役員等が株主代表訴訟に敗訴することによって会社に負担する損害賠償責任を塡補します。こうした D&O 保険は、平成５年の商法改正で株主代表訴訟の申立て時に裁判所に納める費用の額が大幅に引き下げられたため、株主代表訴訟の急激な増加が予想されたことから、その必要性が認識され、広く普及しました。しかし、この普及率の高さとは裏腹に、会社法上、株式会社が D&O 保険に係る契約を締結することに関する規定はありませんでした。また、D&O 保険の株主代表訴訟担保特約に係る部分の保険料については、会社が負担してよいかどうか議論がありました。解釈指針では、株式会社が D&O 保険の特約部分の保険料を負担する際に実践する手続の例（例えば、取締役会の承認及び社外取締役による監督等）が示されましたが、解釈は必ずしも確立されたとは言えない状況にありました。

会社の経営者は、会社の経営において瞬時に迅速な判断を求められ、場合によっては予期せずして会社に損失が発生してしまうことがあります。また、グローバル化が進む現代において、海外子会社や支店における現地法令の遵守の懈怠や現地取引先からの不当な目的による訴訟提起を受けるなどのリスクも伴います。したがって、役員等はこうした危険にさらされながら経営に従事することになりますが、D&O 保険には、役員等をこうした危険から守り、役員等がリスクを過度に恐れてその職務執行が委縮しないようにインセンティブを付与するという意義があります。また、海外においては、D&O 保険が広く普及しているため、優秀な外国人に我が国の役員等に就任してもらうためには、D&O 保険の整備が必要不可欠です。

このように、D&O 保険には積極的な意義が認められる反面、株式会社がD&O 保険に係る契約を締結することについては、その内容によっては、役員等が責任を負ったとしても経済的な負担を一切負わなくなる可能性があり、義務懈怠が生じるおそれが大きくなるという懸念や、取締役の株式会社に対する損害賠償責任をも塡補の対象とする場合には、株式会社は本来役員等に請求することのできる債権について自ら保険料を支払って付保した保険から損害金を受け取ることになることなどから、株式会社と役員等との間に重大な利益相反性が存在するという問題もあります。

こうしたことから、① D&O 保険に係る契約を締結するために必要な手続について法律上の規定を設け、法的安定性を高める必要があること、② D&O 保険に存する利益相反性などについても、D&O 保険に係る契約に関する規定を設け、当該契約については利益相反取引規制を適用しないものとした上で、それに代わる適切な規律を設ける必要があることが主張されました。

こうした主張をふまえ、最終的に役員等賠償責任保険に関する規律が創設されることになりました。

2　役員等賠償責任保険契約の定義

役員等賠償責任保険契約は、「株式会社が、保険者との間で締結する保険契約のうち役員等がその職務の執行に関し責任を負うこと又は当該責任の追及に係る請求を受けることによって生ずることのある損害を保険者が塡補することを約するものであって、役員等を被保険者とするもの（当該保険契約を締結することにより被保険者である役員等の職務の執行の適正性が著しく損なわれるおそれがないものとして法務省令で定めるものを除く。（以下省略）」（改正430条の3第1項）とされました。D&O 保険は、株主代表訴訟担保特約などによる特約部分も含めてこれに該当します。

なお、保険商品としてのD&O 保険には、役員等の賠償責任などについて会社が会社補償をした場合に、その会社負担に対して保険金を支払うタイプのものもあります。しかし、こうしたタイプのD&O 保険は、被保険者を会社とすることから、改正法の定める役員等賠償責任保険契約には該当しません（改正430条の3第1項）。これは、会社補償について新たな規律を設けたことから（改正430条の2）、この会社補償を前提とする当該D&O保険に重ねて役員等賠償責任保険契約の規律を適用する必要性は大きくないと考えられたことによります。

3　役員等賠償責任保険契約を締結する手続

（1）　役員等賠償責任保険契約の内容を決定する手続

会社が役員等賠償責任保険契約の内容を決定するには、取締役会設置会社では取締役会、非取締役会設置会社では株主総会の決議が必要とされることになりました。

上記の手続について、非取締役会設置会社においては、取締役の過半数による決定で役員等賠償責任保険契約の内容の決定をすることができるようにすべきであるという意見もありました。しかし、**1**で既述のとおり、役員等賠償責任保険契約には株式会社と役員等との間の利益相反性が類型的に高いものがあること、および、役員等賠償責任保険契約の内容が役員等の職務の適正性に影響を与えるおそれがあることから、役員等賠償責任保険契約の内容の決定に必要な機関決定は、利益相反取引に準じたものとすることが相当であると考えられます（部会資料20・16頁）。したがって、非取締役会設置会社においては株主総会の決議を要するものとされました。

これらの手続を経て保険内容の適正性を確認し、公開会社では、さらに事業報告による開示もした上で、利益相反規制も適用除外とした規律を踏まえれば、特段の事情のない限り、会社が、役員等を被保険者とするD&O保険のうち株主代表訴訟担保特約の保険料について負担することについて、他に特段の手続を必要としないと解されます。

（2）　取締役または執行役に対する役員等賠償責任保険契約の内容決定の委任禁止

監査等委員会設置会社および指名委員会等設置会社において、取締役会は、取締役または執行役に、役員等賠償責任保険契約の内容の決定を委任することができないとされ（改正399条の13第5項13号・改正416条4項15号）、その前提として、上記以外の取締役会設置会社においても、取締役会が、取締役に、役員等賠償責任保険契約の内容の決定を委任することはできないと解されます。

4　利益相反取引規制の不適用

取締役および執行役には、会社法上利益相反取引規制が及びますが、役員等賠償責任保険契約のうち、取締役または執行役を被保険者とするものの締結について、利益相反取引規制である356条1項および365条2項（これらの規定を419条2項において準用する場合を含む）、ならびに423条3項は、適用しないものとされました（改正430条の3第2項）。

役員等賠償責任保険契約の内容の決定については、上記**1**で既述のとおり、同契約に利益相反性が存在するために、利益相反取引規制に準ずるものとして、取締役会設置会社では取締役会、非取締役会設置会社では株主総会の決議が必要とされており、役員等賠償責任保険契約の締結に利益相反取引規制である356条1項および365条2項（これらの規定を419条2項において準用する場合を含む）を適用する必要性は低いと考えられます。また、仮に423条3項の規定を適用した場合には、間接取引（356条1項3号）によって株式会社に損害が生じた場合に、取締役および執行役にはその任務懈怠が推定されるところ、役員等賠償責任保険契約の中には間接取引に該当するものもあると思われるため、役員等賠償責任保険契約によって生じる株式会社の損害の解釈によっては、取締役または執行役について423条1項の責任が容易に認められることになり、株式会社が役員等賠償責任保険契約を締結することを躊躇する懸念があります。しかし、上記**1**に記載したD&O保険の意義に鑑みると、役員等賠償責任保険契約について、任務懈怠の推定ほどの厳格な規制を適用することは相当ではないと考えられます。以上から、役員等賠償責任保険契約のうち、取締役または執行役を被保険者とするものについては利益相反取引規制を適用しないこととされました。

なお、役員等賠償責任保険契約の締結について、利益相反取引規制に係る規定を適用しないとすると、民法108条の適用除外を定める356条2項

(419条2項において準用する場合を含む) をも適用しないこととされ、民法108条の適用があることとなるのか疑問が生じます。しかし、役員等賠償責任保険契約の内容の決定手続は、利益相反取引規制に準ずるものとして、株主総会または取締役会の決議によることとされているため、同手続を経た役員等賠償責任保険契約の締結は、「第356条第1項(第365条第1項において読み替えて適用する場合及び第419条第2項において準用する場合を含む。)の承認を受けた取引と同様に取り扱うものとすることが相当」(一問一答146～147頁) と考えられます。したがって、民法108条は、株主総会または取締役会の決議によってその内容を定めた役員等賠償責任保険契約の締結については、適用されないことが明記されました(改正430条の3第3項)。

(岡田　奈々)

22 役員等賠償責任保険契約の定義から除外される保険契約は何ですか？

Check 430条の3第1項（新設）、施行規則115条の2（新設）

Point

① 役員等賠償責任保険契約から除外される保険類型が法務省令で規定された
② 除外される保険類型の1つ目は、会社に付随して役員等が被保険者となっている保険
③ 除外される保険類型の2つ目は、役員等の職務上の義務違反や職務の懈怠以外の行為による損害を賠償する保険

役員等のために締結される保険契約（解説1において定義づけする保険契約をいいます）に該当しても、「当該保険契約を締結することにより被保険者である役員等の職務の執行の適正性が著しく損なわれるおそれがないものとして法務省令で定めるもの」は、役員等賠償責任保険契約から除外されることになりました。役員等賠償責任保険契約から除外されることになった保険には、２つの類型があります。１つ目は、会社に付随して役員等が被保険者となっている保険であり、具体的には、生産物賠償責任保険（PL保険）、企業総合賠償責任保険（CGL保険）、使用者賠償責任保険、個人情報漏洩保険等をいいます。２つ目は、役員等の職務上の義務違反や職務の懈怠以外の行為による損害を賠償する保険であり、具体的には、自動車賠償責任保険、任意の自動車保険、海外旅行保険等をいいます。

解説　Explanation

1　改正430条の3第1項の適用がない保険が法務省令で定められることになった理由

Q21 で記載したとおり、役員等賠償責任保険契約は、その内容次第で、役員等がその職務執行に関し責任を負ったとしても、経済的な負担を一切負わなくなる可能性があり、役員等の職務執行の適正性が損なわれるおそれがあるため、役員等賠償責任保険契約の内容を決定するには、取締役会設置会社においては取締役会の決議に、また、非取締役会設置会社では株主総会の決議によることとされました。

しかし、「株式会社が、保険者との間で締結する保険契約のうち役員等がその職務の執行に関し責任を負うこと又は当該責任の追及に係る請求を受けることによって生ずることのある損害を保険者が塡補することを約するものであって、役員等を被保険者とするもの」(以下「役員等のために締結される保険契約」といいます) であっても、役員等の職務執行の適正性が損なわれるおそれの程度が高いと一概にいうことはできません。そこで、保険の内容を考慮し、役員等の職務執行の適正性を著しく損なうおそれのないものについては、法務省令で定めることにより、役員等賠償責任保険契約から除外されることになりました。

2　法務省令で規定される除外保険の類型

「当該保険契約を締結することにより被保険者である役員等の職務の執行の適正性が著しく損なわれるおそれがないものとして法務省令で定めるもの」(以下「除外保険」といいます) としては、以下の2つの類型の保険が規定されることになりました (部会資料24・2～3頁)。

(1)　会社に付随して役員等が被保険者となっている保険 (施行規則115条の2第1号)

生産物賠償責任保険 (PL保険)、企業総合賠償責任保険 (CGL保険)、使用者賠償責任保険、個人情報漏洩保険等は、通常は、会社が、その業務を行うに当たり、会社自身に生ずることのある損害を塡補することを主たる目的として締結されるものです。しかし、役員等も会社とともに被告として損害賠償請求の相手方になることが多いため、付随的に被保険者となっていることが多いといえます。したがって、これらの保険が役員等の職務執行に与える影響は小さいと考えられ、役員等の職務執行の適正性を担保するために規定された改正430条の3第1項の手続を適用する必要性は低いと考えられます。また、これらの保険については、販売されている保険の種類や数が膨大であることから、改正430条の3第1項に規定する手続を適用した場合に、頻繁に取締役会決議や株主総会決議を行う必要が生じ、実務に非常に大きな影響を与えることが予想されます。そこで、政策的な判断もあいまって（部会資料25・14頁）、これらの保険契約については、改正430条の3第1項の適用がないことになりました。

（2）　役員等の職務上の義務違反や職務の懈怠以外の行為による損害を賠償する保険（施行規則115条の2第2号）

自動車賠償責任保険、任意の自動車保険、海外旅行保険等は、役員等自身に生じた損害の塡補を目的とする保険ではあるものの、役員等に限らず誰でも被保険者になることができ、誰にでも起こり得る定型的な事故等が支払事由とされている保険です。すなわち、役員等としての職務上の義務違反や職務の懈怠ではないその他の行為等によって第三者に損害を生じさせた場合に、その損害を塡補するために加入する保険といえます。D&O保険のように、役員等としての職務上の義務違反や職務を怠ったことに基づき、損害賠償責任を負うことまたは当該責任の追及に係る請求を受けることによって役員等に生ずる損害を塡補することを目的として加入する保険ではありません。そのため、役員等がこれらの保険に加入したとしても、その加入の事実が役員等の職務執行の適正性に影響を与えるおそれは低いと考えられます。また、これらの保険についても、（1）と同様に、販売されている保険の種類や数が膨大であることから、改正430条の3第1項の手続を適用すると実務に非常に大きな影響を与えることが予想されます。そこで、政策的な判断もあいまって（部会資料25・14頁）、これらの保険契約にも、改正430条の3第1項は適用しないこととされました。

（3） 除外保険の類型の定義

上記**2**（1）および（2）を踏まえ、除外保険の定義として、次の2つが規定されました（施行規則115条の2）。

(ア) 被保険者に保険者との間で保険契約を締結する株式会社を含む保険契約であって、当該株式会社がその業務に関連し第三者に生じた損害を賠償する責任を負うこと又は当該責任の追及に係る請求を受けることによって当該株式会社に生ずることのある損害を保険者が塡補することを主たる目的として締結されるもの

(イ) 役員等が第三者に生じた損害を賠償する責任を負うこと又は当該責任の追及に係る請求を受けることによって当該役員等に生ずることのある損害（役員等がその職務上の義務に違反し若しくは職務を怠ったことによって第三者に生じた損害を賠償する責任を負うこと又は当該責任の追及に係る請求を受けることによって当該役員等に生ずることのある損害を除く。）を保険者が塡補することを目的として締結されるもの

（4） 留意点

なお、除外保険の類型に当たるとしても、非常に大きな事故に備えるために保険金額が高額になる保険や、会社の存立にかかわるような保険など「保険の内容等いかんによっては、当該保険に係る契約の締結が重要な業務執行の決定（会社法第362条第4項等）に該当し、取締役会決議が必要とされる場合もあるものと考えられる」（部会資料24・3～4頁）とされていることには注意が必要です。

3 除外保険に対する規律

（1） 株主総会決議（取締役会決議）の要否

上記**1**で述べたとおり、除外保険は、役員等賠償責任保険契約から除外され、改正430条の3第1項が適用されないことから、会社が除外保険の内容を決定するにあたり、取締役会決議および株主総会決議による必要はありません（改正430条の3第1項）。ただし、上述**2**（4）のとおり、当該保険に係る契約の締結が重要な業務執行の決定（362条4項等）に該当する場合は、取締役会決議が必要になります。

(2) 利益相反取引規制等の不適用

(ア) 役員等賠償責任保険契約のうち取締役又は執行役を被保険者とするもの

Q21で述べたとおり、役員等賠償責任保険契約のうち取締役または執行役を被保険者とするものの締結については、利益相反取引規制である356条1項および365条2項（これらの規定を419条2項において準用する場合を含みます。以下同じ。）ならびに利益相反取引を行った場合の取締役の責任推定規定である423条3項は適用されません（改正430条の3第2項）。また、改正430条の3第3項が、民法108条を適用しないものとしています（ただし、役員等賠償責任保険契約については改正430条の3第1項の決議がなされた場合に限ります。）。

(イ) 取締役または執行役を被保険者とする除外保険　同様に、取締役または執行役を被保険者とする除外保険についても、利益相反取引規制である356条1項および365条2項（これらの規定を419条2項において準用する場合を含みます。）ならびに423条3項は適用されず（改正430条の3第2項）、民法108条も適用されません（改正430条の3第3項）。その理由として、①除外保険について利益相反取引規制の規定を適用した場合には、取締役会または株主総会の承認を得る必要があるところ、除外保険については役員等賠償責任保険契約に比べて利益相反性が低いことから除外保険に改正430条の3第1項を適用しないとした意味がなくなること、②除外保険には「被害者の救済や円滑な企業活動といった観点から、実務上、有益性が認められること」（一問一答143頁）および③「販売されている保険の種類や数が膨大であり、利益相反取引規制を適用することとすると、実務上、甚大な影響が想定される」（一問一答143頁）ことの3つが挙げられます。

(ウ) 改正430条の3第2項、第3項の適用結果　結局、（役員等賠償責任保険契約と除外保険を合わせた概念である）役員等のために締結される保険契約のうち、取締役または執行役を被保険者とするものの締結について、356条1項および365条2項（これらの規定を419条2項において準用する場合を含みます。）ならびに423条3項は適用されず（改正430条の3第2項）、また、民法108条も適用されません（改正430条の3第3項。ただし、役員等賠償責任保険契約については改正430条の3第1項の決議がなされた場合に限ります。）。

（岡田　奈々）

Q 23 役員等賠償責任保険契約について、公開会社の事業報告の内容とされる事項は何ですか？

Check 施行規則119条2号の2、121条の2（新設）

Point
① 役員等賠償責任保険契約の被保険者を事業報告に記載
② 役員等賠償責任保険契約の概要を事業報告に記載
③ 役員等賠償責任保険契約の保険金額等の事業報告への記載は各会社の判断に委ねられる

会社法施行規則上、公開会社における特則として、役員等賠償責任保険契約に関する事項を事業報告に記載する旨の規定が設けられることになりました（施行規則119条２号の２）。具体的には以下の①および②の事項を記載する必要があります（施行規則121条の２）。

①当該役員等賠償責任保険契約の被保険者の範囲

②当該役員等賠償責任保険契約の内容の概要（被保険者が実質的に保険料を負担している場合にあってはその負担割合、塡補の対象とされる保険事故の概要及び当該役員等賠償責任保険契約によって被保険者である役員等（当該株式会社の役員等に限る。）の職務の執行の適正性が損なわれないようにするための措置を講じている場合にあってはその内容を含む。）

また、親会社の保険契約の被保険者に子会社等グループ会社の役員等が追加されている場合であっても、親会社の事業報告で、役員等賠償責任保険契約に関する事項を記載することになりました。

解説　Explanation

1　事業報告の内容とされる事項

施行規則119条２号の２および121条の２により、当該事業年度の末日において公開会社である株式会社が役員等賠償責任保険契約を締結しているときは、事業報告の内容に、①当該役員等賠償責任保険契約の被保険者の範囲、および②当該役員等賠償責任保険契約の内容の概要（被保険者が実質的に保険料を負担している場合にあってはその負担割合、填補の対象とされる保険事故の概要及び当該役員等賠償責任保険契約によって被保険者である役員等（当該株式会社の役員等に限る。）の職務の執行の適正性が損なわれないようにするための措置を講じている場合にあってはその内容を含む。）を含むことになりました。

なお、①の「被保険者については、「自社及び子会社の役員」等の概括的な情報で足りると考えられる」とされています（一問一答148頁）。また、②の「当該役員等賠償責任保険契約によって被保険者である役員等（当該株式会社の役員等に限る。）の職務の執行の適正性が損なわれないようにするための措置」については、「一定額に至らない損害については填補の対象としないこと」が例として挙げられています（部会資料４・12頁）。

2　①および②が事業報告に記載されることになった理由

役員等賠償責任保険契約の内容を開示することについては、会社の経営上のノウハウまたは秘匿情報として、開示になじまないといった意見や、開示により濫訴の増加や訴額又は和解額のつり上げを誘発する可能性があり、これらを回避するために、役員等賠償責任保険の利用を控え、その結果役員等の業務執行が萎縮してしまい、役員人材の確保が困難になるなどの反対意見がありました。

しかし、上記反対意見に対しては、上場会社の９割以上がD&O保険に加入している現状を踏まえれば、上記のような事態が生じるとは考えづらいといった意見や、役員等賠償責任保険契約の内容を開示することで契約内容等の適正性や株主による監督の実効性の確保が期待できるとの賛成意見が出されました。また、役員等賠償責任保険契約における保険料等は、会社による役員等の利益のための費用負担にあたりますが、役員報酬の場合、施行規則119条２号、121条４号が会社役員の報酬等の事業報告での開示を求めていることからすれば、これと同様に、株主への開示が必要であるとも考えられます。さらに、役員等賠償責任保険契約の内容の決定をする機関は、公開会社においては取締役会になりますが（**Q21** 参照）、実務では、取締役の全員が役員等賠償責任保険の被保険者となることが多いため、被保険者である取締役で構成された取締役会の決議のみで、会社と取締役との間の利益相反性の問題を解消することは難しく、役員等賠償責任保険契約に関する情報を株主に開示する必要性は高いといえます。その他、「株式会社が抱えているリスクを投資家が評価する際に保険契約の内容等がその指標として機能することから、株式会社が締結している役員等賠償責任保険契約の内容は、株主にとって重要な情報であると考え」（一問一答148頁）られます。上記を踏まえ、役員等賠償責任保険契約の被保険者および内容の概要の開示が施行規則によって求められることになりました（部会資料20・16～17頁）。

3　事業報告の内容から保険金額等が除外された経緯

中間試案・10頁においては、報酬規制等（施行規則119条２号・121条４号）と同様に保険金額等についても開示が必要である等の理由から、**1** で記載した①および②の他に、「当該契約における保険金額、保険料又は当該契約に基づいて行われた保険給付の金額」（以下「保険金額等」といいます）についても、事業報告の内容に含めることが提案されていました（部会資料20・16頁）。

しかし、保険金額等の開示は、会社、役員等又は保険会社が、今後役員等に対してどの程度損害賠償請求等がなされると想定しているか否かを示すリスク情報の開示とも捉えることができ、市場にネガティブな影響を与えるおそれがあること、前記 **2** における記載と同様に、開示された保険金額を基に、濫訴や訴額または和解額のつり上げなどを誘発する懸念があること、これらの開示による弊害防止のために役員等賠償責任保険契約の内容設計をある程度一定にする必要が生じ、被保険者となる役員や会社の状況に応じた柔軟な内容設計が難しくなるおそれがあること等を理由に、保険金額等については、施行規則上、開示の対象にしないこととされました（部会資料20・17頁）。そのため、保険金額等の事業報告への記載は各会社の判断に任されることになります。

4　グループ会社関係がある場合における被保険者の開示の方法

親会社の役員等賠償責任保険契約に、子会社等グループ会社の役員等も被保険者として追加されている場合に、役員等賠償責任保険契約の事業報告による開示の手続を、親会社と子会社等グループ会社のどちらで行うかという問題があります。この点については、保険契約者である親会社がその事業報告に記載することとなり（子会社等グループ会社自身が開示する必要はありません）、被保険者については、親会社の役員等のみでなく、子会社等グループ会社の役員等も開示の範囲に含めることとなるとされています（一問一答148〜149頁）。

（岡田　奈々）

24 株式会社が、業務執行を社外取締役に委託する手続について、どのような規定が置かれましたか？

Check 348条の2、399条の13第5項6号（新設）

Point
① 株主の利益を損なうおそれがあることが要件
② 取締役の決定又は取締役会決議によって、都度委託することが必要
③ 新設規定はセーフ・ハーバー・ルール

改正法では、株式会社（指名委員会等設置会社を除く。）が社外取締役を置いている場合において、当該株式会社と取締役との利益が相反する状況にあるとき、その他取締役が当該株式会社の業務を執行することにより株主の利益を損なうおそれがあるときは、当該株式会社は、その都度、取締役の決定（取締役会設置会社にあっては、取締役会の決議）によって、当該株式会社の業務を執行することを社外取締役に委託することができるとの規定が置かれることになりました（348条の2第1項）。また、指名委員会等設置会社については、指名委員会等設置会社と執行役との利益が相反する状況にあるとき、その他執行役が指名委員会等設置会社の業務を執行することにより株主の利益を損なうおそれがあるときは、その都度、取締役会の決議によって、当該指名委員会等設置会社の業務を執行することを社外取締役に委託することができるとの規律が置かれることとなりました（348条の2第2項）。

解説　Explanation

1　改正法の内容

(1)　具体的な改正内容

改正法は、取引の構造上、株主と買収者である取締役との間に利益相反関係が認められると評価されるMBOの場面のように、会社と取締役との利益が相反する状況にある場合その他取締役が株式会社の業務を執行することにより株主の利益を損なうおそれがある場合には、仮に、社外取締役の行為が株式会社の業務の執行に該当するときであっても、株式会社が、その都度、取締役会の決議等によって、当該行為をすることを社外取締役に委託することができるとしました。

また、「当該株式会社の業務を執行した」場合には、社外取締役の要件を満たさないこととされていますが（2条15号イ）、改正法では、取締役会の決議等で委託された業務の執行は、社外取締役の要件である「業務を執行した」には該当しないこととされ（348条の2第3項本文）、社外取締役がその要件を満たしたまま、業務の執行をすることが可能となりました（この点で、改正法の規律はセーフ・ハーバー・ルールといわれています）。ただし、社外取締役が業務執行取締役（指名委員会等設置会社では執行役）の指揮命令の下に委託された業務を執行したときは、この限りではありません（同項ただし書）。

改正に至る議論の中では、社外取締役の要件である「業務を執行した」について、会社事業に関する諸般の事務を処理することを意味するという伝統的な解釈を変更することで、社外取締役による業務の執行を可能とするとの意見もありました。すなわち、「業務を執行した」取締役は社外取締役の要件に該当しないこととする規律の趣旨が、監督者である社外取締役の、被監督者である業務執行者からの独立性を確保することにあることを理由として、取締役が継続的に業務に関与するか、または代表取締役等の業務執行機関に従属的な立場で業務に関与した場合のみ、「業務を執行した」こととなると解すれば十分であって、特定の事項について会社から委託を受けて、業務執行機関から独立した立場で一時的に業務に関与することは、「業務を執行した」こととはならないと解することができるという意見です。しかし、このような解釈が「業務を執行した」の文言から導かれるかについては疑問があり得るとの指摘がなされ、採用されるには至りませんでした（中間試案補足説明40～42頁）。

(2) 「株主の利益を損なうおそれがあるとき」の意義

「株式会社と取締役との利益が相反する状況にあるとき、その他取締役が当該株式会社の業務を執行することにより株主の利益を損なうおそれがあるとき」の意義については、パブリックコメントでもこれを明らかにすべきと議論になった点です。

この点、社外取締役による利益相反の監督機能が発揮されることが期待される場面は、356条1項2号および3号に掲げる場合には限られないと考えられています。典型的には、会社が取引の当事者にはならないものの、前記のとおり、取引の構造上取締役と株主との間に利益相反関係が認められると評価されるMBOの場合は、「株式会社と取締役との利益が相反する状況にある場合」に該当すると考えられます。

また、株式会社は会社の企業価値を向上させて会社ひいては企業所有者たる株主の利益を図る仕組みの営利企業であり、取締役の会社に対する善管注意義務は会社ひいては「株主の利益」を図ることを目的とするものと考えられます。例えば、取締役は、善管注意義務の一環として、株主間の公正な企業価値の移転を図らなければならない義務を負うと考えられています（東京高判平成25年4月17日判時2190号96頁）。そうであるならば、このような義務が適正に果たされるように社外取締役による利益相反の監督機能が発揮されることが期待される場合には、今回の規律の対象とすることが適切と考えられます。具体的には、取締役自身が買収者またはこれと同視することができる者でない場合（例えば、現金を対価とする少数株主の締出し（キャッシュ・アウト）や会社と親会社との間の取引といった少数株主と支配株主との間の利害が対立し得る場合）であっても、経営者が支配株主の利益を優先し、少数株主の利益をないがしろにすることが懸念され得ることから、社外取締役が監督機能を発揮することが期待されるときは、「取締役が当該株式会社の業務を執行することにより『株主の利益』を損なうおそれがあるとき」に含まれ得ると考えられます（部会資料20・17～19頁）。

なお、もともと「株主の利益」との部分は部会資料において「株主の共同の利益」との表現になっていました。しかし、相当数の株式を保有している株主が少数株主を締め出すキャッシュ・アウトの場合に、「株主の共同の利益」を損なうおそれがあるとの表現が適切なものであるかは再考すべきであると指摘された（第12回部会議事録57頁・藤田委員発言）ことなどを踏まえ、この部分は条文上「その他取締役が株式会社の業務を執行することにより『株主の利益』を損なうおそれがあるとき」という表現に改められるに至っています。

2　指名委員会等設置会社以外の社外取締役を置く株式会社の手続

社外取締役に業務執行を委託するためには、社外取締役に委託する都度、取締役会決議（非取締役会設置会社では取締役の決定）が必要とされています。

これは、社外取締役は、委託を受けた業務の執行について、業務執行取締役（指名委員会等設置会社では執行役）の指揮命令の下に執行することはできず、独立してこれを執行することが想定されているため、社外取締役が誰の監督も受けずに野放図に継続的に業務を執行するという事態が生じないようにするとの趣旨によるものです。

なお、監査等委員会設置会社ではこの委託の決定権限を取締役会が取締役に委任することはできないこととされており（399条の13第5項6号に348条の2第1項による委託が追加されています）、指名委員会等設置会社でもこの委託の決定権限を取締役会が執行役に委任することはできないとされています（416条4項6号、348条の2第2項）。また、監査等委員会設置会社・指名委員会等設置会社以外の取締役会設置会社でもこの委託の決定権限を取締役会が取締役に委任することはできないと考えられます。

3　指名委員会等設置会社における手続

指名委員会等設置会社では、執行役が会社の業務を執行することとされています（418条2号）。そのため、指名委員会等設置会社については、指名委員会等設置会社と執行役との利益が相反する状況にあるとき、その他執行役が指名委員会等設置会社の業務を執行することにより株主の利益を損なうおそれがあるときに、その都度、取締役会の決議によって、当該指名委員会等設置会社の業務を執行することを社外取締役に委託することができるとの規律が置かれることとなりました（348条の2第2項）。

なお、指名委員会等設置会社においては、取締役は、法令に別段の定めがあるときを除き、株式会社の業務を執行することはできず、執行役が、株式会社の業務を執行することから（418条2号）、上記のとおり、指名委員会等設置会社と執行役との利益相反状況その他株主の利益を損なうおそれがあるときについては規律の対象としていますが、取締役が株式会社の業務を執行することにより株主の利益を損なうおそれがある場合については、規律の対象に含めていません（中間試案補足説明42頁）。

（水野　貴博）

Q 25 監査役会設置会社における社外取締役を置くことの義務付けについて、どのような規律がされましたか？

Check 327条の2（修正）

Point

① 公開会社かつ大会社の監査役会設置会社で、有価証券報告書の提出義務がある会社が対象
② 最低１名の社外取締役設置の義務付け
③「社外取締役を置くことが相当でない理由」の説明は削除

改正法では、「監査役会設置会社（公開会社であり、かつ、大会社であるものに限る。）であって金融商品取引法第24条第１項の規定によりその発行する株式について有価証券報告書を内閣総理大臣に提出しなければならないものは、社外取締役を置かなければならないものとする」との規律が新たに設けられることになりました（327条の２）。

解説 Explanation

1 改正に至る経緯

現行の会社法では、事業年度の末日において監査役会設置会社（会社法上の公開会社かつ大会社に限る）であってその発行する株式に係る金融商品取引法上の有価証券報告書提出会社（以下「上場会社等」ということがあります。）が社外取締役を置いていない場合には、取締役は、その事業年度に関する定時株主総会において「社外取締役を置くことが相当でない理由」を説明しなければならず、「社外取締役を置くことが相当でない理由」を事業報

告および株主総会参考書類の内容として、株主に開示することとされています（改正前327条の２）。

この規律は、平成26年会社法改正とそれに係る法務省令改正により設けられたものですが、平成26年改正法附則第25条において、「政府は、この法律の施行後２年を経過した場合において、社外取締役の選任状況その他の社会経済情勢の変化等を勘案し、企業統治に係る制度の在り方について検討を加え、必要があると認めるときは、その結果に基づいて、社外取締役を置くことの義務付け等所要の措置を講ずるものとする」こととされていました。

2　改正法の内容

(1)　改正法における社外取締役の義務付けに関する議論

改正法における社外取締役の義務付けに関する議論では、賛成反対の双方から様々な意見が出されましたが、結論として、上場会社等について少なくとも１人の社外取締役を置かなければいけないことを義務付けることになりました。賛成反対の双方で意見が分かれたのは、主に以下のような点です。

(ア)　多くの上場会社で既に社外取締役が選任されていることについて　東京証券取引所の2018年８月１日付「東証上場会社における社外取締役の選任状況及び『社外取締役を置くことが相当でない理由』の傾向について」によると、全上場会社ベースで97.7％の上場会社で既に社外取締役が選任されています（なお、東京証券取引所の2020年９月７日付「東証上場会社における独立社外取締役の選任状況及び指名委員会・報酬委員会の設置状況」によると全上場会社ベースにおける社外取締役の選任比率は98.9％まで上昇しています）。また、「社外取締役を置くことが相当でない理由」の説明義務の対象会社である37社のうち27社は「選任に向けて検討を行っていく」旨の説明を記載していました。社外取締役の設置義務付けに賛成する立場からは、こうした事実から社外取締役の有用性が認められていると主張しました。これに対し、反対の立場からは、既にほとんどの上場会社が社外取締役を選任しているため、社外取締役を置くことを義務付けることが必要とされる状況にない、「社外取締役を置くことが相当でない理由」を合理的に説明できている会社もあり、そのような会社にまで一律に義務付けを強いるのは相当ではないとの主張がなされました。

⑷ **社外取締役選任と企業価値向上の関係について**　社外取締役の設置義務付けに賛成する立場からは、社外取締役を選任したことにより直ちに企業価値が向上するという相関関係が見いだされるか否かにかかわらず、ミニマムスタンダードとして、少数株主を含む株主の利益を保護する立場にある者として業務執行者から独立した客観的な立場から会社経営の監督を行い、また、経営者あるいは支配株主と少数株主との間の利益相反の監督を行うという役割を果たすことが期待される社外取締役を、少なくとも１人置くことを求めることが必要であるとの主張がなされました。これに対し反対の立場からは、社外取締役を置くことの義務付け等のコーポレート・ガバナンスに関する規律は、それが企業価値を向上させることにつながるからこそ講ずべきものであって、社外取締役を選任したことが企業価値を向上させたか否かが実証研究等によって明らかでない段階で社外取締役を置くことの義務付けという措置を講ずるのは、時期尚早であるとの主張がなされました。

（2） 社外取締役の選任を義務付けるに至った要因

反対論も根強い中で、最終的に社外取締役の選任は義務付けられましたが、その１つの要因に内外の機関投資家の存在があったものと考えられます。すなわち、部会資料25における補足説明には、「上場会社等が社外取締役を一人も置かない場合には、経営が独善に陥ったり、経営陣が保身に走るといった危険に対して何らかの予防や矯正のメカニズムを備えているのかについて、株主が疑念を抱くことも理解することができる面があると考えられる。上記のような疑念を払拭し、我が国の資本市場が信頼されるようにするためには、業務執行者から独立した客観的な立場からの監督機能が期待される社外取締役を活用することを、法的規律により一律に強制することが考えられる」「当部会及び試案に係るパブリックコメントにおいては、市場における評価の担い手である機関投資家及び金融商品取引所を中心として、上場会社等については、最低限の基本的な要件として、画一的に、社外取締役を置くことを義務付けるべきであるという指摘が広くされていることにも留意する必要がある」(部会資料25・15～16頁) と記載されており、内外の投資家の要求を満たすことを重視した判断がなされたものと考えられます。

3　今後の実務に与える影響

今回の改正により、改正法施行後に事業年度末を迎える上場会社等で、まだ社外取締役を選任していない会社では、改正法施行後最初に終了する事業年度に関する定時株主総会において、社外取締役を選任する必要があります(附則第5条)。

これまで、社外取締役を設置しなければ、社外取締役を置くことが相当でない理由について説明を行えば足りていましたが、設置することが必要になったことから、上場会社等は社外取締役の立場や発言をこれまでよりも重視しなければならないものと考えられます。

また、単に社外取締役を選任すれば足りるわけではなく、社外取締役を有効に活用することが求められていることから、社外取締役を選任する際の株主総会参考書類に社外取締役に選任された場合に果たすことが期待される役割の概要を記載し、当該社外取締役が実際に行った職務の概要を事業報告に記載することまで求められている点に留意する必要があります(施行規則74条4項3号、124条4号ホ)。

(水野　貴博)

26 社外取締役を置かなければならない監査役会設置会社が、社外取締役を欠いた場合の法的効果はどのようになりますか？

Check 327条の2（修正）、329条3項、346条1項、2項

Point

① 取締役会決議が直ちに無効になるわけではない
② 社外取締役を欠いた場合は、速やかに選任しなければならない
③ 実務上は、補欠役員の選任、権利義務取締役、一時役員の規定により対応することも可能

社外取締役を置かなければならない監査役会設置会社が、社外取締役を欠いた場合でも、遅滞なく社外取締役が選任されるときは、その間にされた取締役会決議の効力は直ちに無効にならないと考えられます。しかし、社外取締役を選任できるにもかかわらず、長期にわたって社外取締役を欠いた状態で決議がなされたような場合には、無効になるものと考えられます。

解説 Explanation

1　社外取締役を欠いた場合の取締役会決議の有効性

Q25 で取り上げたとおり、改正法では、一定の監査役会設置会社（以下「上場会社等」ともいいます）について社外取締役を置くことが義務付けられました。それでは、何らかの事情で社外取締役が欠けてしまった場合、社外取締役を欠いた状態で行われた取締役会決議の効力はどうなるでしょうか。

この論点に関しては、改正法は条文上の規定を設けなかったため、解釈に委ねられることになりました。

この点、指名委員会等設置会社における各委員会等の機関については、その構成員の過半数は社外役員でなければならないという規律が置かれています（400条3項・331条6項・335条3項）。これに対し、社外取締役の設置の義務付けに関して、改正法は、上場会社等は「社外取締役を置かなければならない」という定め方をしており（327条の2）、1名以上が社外取締役でなければならないという定め方をしていません。このような定め方からすれば、改正法は取締役会の決議要件との関係においては社外取締役を特別扱いしていないものと考えられます（部会資料26・15〜16頁）。

また、判例は、取締役会の招集につき一部の取締役に対する通知もれがあった場合の取締役会決議の有効性について、「その取締役が出席してもなお決議の結果に影響がないと認めるべき特段の事情があるとき」は、決議は有効になるものとし（最判昭和44年12月2日民集23巻12号2369頁）、実務上はこの「特段の事情」は比較的柔軟に認められています。上記判例はあくまで招集通知もれがあった結果、一部の取締役が決議に参加できなかった場合の取締役会決議の有効性について判断したもので、本件とは事情が異なるため、その判断を本件に直接当てはめることはできないと考えられます。しかし、取締役会決議の結論に与える影響度という点を考えると、本件の判断にあたっても上記判例の考え方は考慮に値するものと思われます。

以上に加え、部会における議論も踏まえますと、社外取締役が欠けた場合であっても、遅滞なく社外取締役が選任されたときは、その間に行われた取締役会の決議は無効とならないと解釈でき、また、直ちに過料の制裁が科されることにはならないと解釈されるものと思われます（部会資料27・12〜13頁）。

2　実務上の対応

前記**1**のとおり、社外取締役を欠いた場合の取締役会決議は直ちに無効にならないと考えられるものの、社外取締役が速やかに選任されず、これを欠く状態が放置されているような場合には、取締役会決議が無効とされる可能性があります。したがって、実務上は速やかに社外取締役を選任することが重要と考えられます。

また、会社法上、社外取締役の員数が欠けた場合についても、補欠の役員の選任（329条3項）、権利義務取締役（346条1項）または一時役員（同条2項）に関する規定は適用されると考えられているため（部会資料27・12〜13頁）、実務上はこれらの規定も活用しながら瑕疵なく取締役会決議を行うことが重要と考えられます。

（水野　貴博）

27 社債管理補助者の制度が新たに設けられた理由は、どのようなものですか？

Check 714条の2～714条の7（新設）

Point
① 社債管理者不設置債についての社債管理のニーズに対応
② 権限・責任等を限定することによる候補者の確保
③ 将来の社債市場の拡大策

会社法上、無担保社債については社債管理者を置かないことが一定の要件の下で認められており（社債管理者の設置強制の例外。702条ただし書）、この例外規定を利用して社債管理者を置かない社債が多く存在していますが、それらについても最低限の管理を望む声があるとの指摘がありました。また、現行法における社債管理者の制度については、その責任及び資格要件が厳格であるため、管理コストの高額化や担い手の確保の困難といった問題があるとの指摘がありました。

そこで、改正法では、新たな社債管理制度として、社債管理者よりも緩やかな資格要件、並びに、より限定的な権限、義務及び責任が認められる「社債管理補助者」を設置することとされました。

今回の制度改正が、信用状態が相対的に低い会社の社債による資金調達を促して将来の社債市場を拡大（活性化）することや、将来の投資環境悪化への事前対応策となることが期待されています。

解説 Explanation

1 従来の社債管理制度

社債を発行する際には、社債管理者を定め、社債権者のために弁済の受領、債権の保全その他の社債の管理を行うことを委託しなければならないものとされています（702条本文）。

ただし、「各社債の額が１億円以上である場合その他社債権者の保護に欠けるおそれのないものとして法務省令で定める場合」は、かかる社債管理者の設置義務の例外とされています（同条ただし書）。そして、ここでいう「法務省令で定める場合」とは、「ある種類［会社法681条１号参照］の社債の総額を当該種類の社債の金額の最低額で除して得た数が50を下回る場合」をいいます（施行規則169条）。このような例外が設けられた理由については、「社債の額が１億円以上である場合」は、社債金額が大きいことから各社債権者において自ら社債を管理する能力及びインセンティブがあること、「ある種類…50を下回る場合」は、社債権者が比較的少数であることから、社債権者同士で協力することが容易であること、などと説明されています（江頭編・会社法コンメ16社債130頁［藤田友敬］）。

もっとも、社債管理者を設置しない社債については、財務代理人（fiscal agent）が置かれるのが通常ですが、この財務代理人は、社債発行会社との間の契約に基づき、社債発行会社のためにサービスを提供する者であって、社債権者の保護のために行動する立場にはないとされており（江頭編・会社法コンメ16社債130～131頁［藤田友敬］）、その点において社債管理者とは立場を異にしています。

なお、社債に担保を付す場合（担保付社債）は、信託者と信託会社との間の信託契約に従うこととされているところ（担保付社債信託法２条１項）、当該信託会社に対して社債の管理義務が課せられるため（同法同条２項）、受託者の設置が強制されることとなります。

2　社債管理者不設置債の増加とその問題点

平成５年の商法改正後、社債の発行要件の緩和により、多様な会社が多様な条件で社債発行を行うようになり、また、社債管理者の設置強制の例外を利用して社債管理者を設置しない社債（社債管理者不設置債）の発行も急増し（江頭編・会社法コンメ16社債129頁［藤田友敬］）、日本証券業協会の報告（平成29年７月26日付）によれば、国内の公募社債の75％、ホールセール債の約８割が社債管理者不設置債となっていました（部会参考資料16、第４回部会議事録５頁・河田参考人発言）。しかし、近年の社債のデフォルト事例を踏まえ、第三者による最低限の管理を望む声が出てきたと指摘されていました（部会資料５・１頁）。

他方、社債管理者不設置債について、会社法上の社債管理者よりも限定された権限および機能を有する者（「社債管理人」または「社債権者補佐人」）を契約に基づき設置する提案が業界団体からなされていましたが、その権限などの課題については立法上の措置が必要であると指摘されていました（部会資料５・１頁、日本証券業協会・社債市場の活性化に向けたインフラ整備に関するワーキング・グループの報告書「社債権者保護のあり方について」（平成27年３月17日））。

3　改正の経緯及び今後の展望

以上のような状況を踏まえ、改正法では、社債管理者よりも緩やかな資格要件、並びに、より限定的な権限、義務及び責任が認められる新たな社債管理制度として、「社債管理補助者」が設けられることとなりました。

部会における議論や、中間試案に対するパブリックコメントにおいては、新たな社債管理制度の設置それ自体について反対する意見はみられませんでした。

今回の制度改正によって、より格付けの低い会社などが社債を発行するようになることで、発行会社の裾野および投資家の投資対象が拡大し社債市場が活性化することや、一定の管理がされる社債が増えることで、投資環境の悪化時における社債市場の縮小への事前対応策となることが期待されています（第４回部会議事録５～８頁・河田参考人及び小池参考人発言、第４回部会議事録14頁・河田参考人発言）。

（小林　知子）

28 社債管理補助者の選任、資格、終任について、どのような規律が置かれていますか？

Check 714条の2〜3、714条の6〜7、施行規則171条の2（新設）

Point
① 社債管理者不設置債について社債管理補助者の選任が可能となった
② 金融機関のほか弁護士・弁護士法人が就任可能
③ 社債管理者と同様の辞任・解任事由により終任

会社は、社債（担保付社債を除く）の発行にあたって社債管理者の設置が不要な場合に限り、社債管理補助者を選任することができることとされました（714条の２）。すなわち、各社債の金額が１億円以上またはある種類の社債の総額を当該種類の各社債の金額の最低額で除して得た数が50未満の社債については社債管理者の設置が不要とされていますが（702条ただし書、施行規則169条）、このようないわゆる社債管理者不設置債について、発行会社の任意で、社債管理者と比べて権限および義務が軽減された「社債管理補助者」を選任することができるようになりました。

社債管理補助者となれるのは、社債管理者となれる銀行や信託銀行等に加えて、法務省令で定める者とされており（714条の３）、具体的には弁護士または弁護士法人が定められています（施行規則171条の２）。

社債管理補助者の終任については社債管理者の辞任および解任に関する規定がほぼそのまま準用されており、社債発行会社および社債権者集会の同意により辞任すること（711条１項）等が可能です。

解説　Explanation

1　社債管理補助者の選任について

社債（担保付社債を除く）の発行会社は、その発行にあたって社債管理者の設置が不要な場合に限り、社債管理補助者を選任することができることとされました（714条の2）。

すなわち、担保付社債を除く社債の発行にあたっては、社債権者の保護のため、社債発行会社の委託により、弁済の受領や債権の保全等の社債管理を行う「社債管理者」を置くことが求められます（702条本文）。ただし例外的に、各社債の金額が1億円以上またはある種類の社債の総額を当該種類の各社債の金額の最低額で除して得た数が50未満の場合（社債権者の数が50人以上となる可能性がない場合）については、社債管理者の設置義務が免除されています（702条ただし書、施行規則169条）。これは、社債金額が多い場合には各社債権者において自ら社債を管理する能力及びインセンティブがあること、また社債権者の数が少ない場合には社債権者間で協力することが容易であることから（江頭編・会社法コンメ16社債130頁［藤田友敬］）、社債管理者を置かなくとも社債権者の保護に欠けるおそれがないと考えられるためです。

従来、このような社債管理者不設置債については、事務手続きを行う財務代理人（Fiscal Agent）が置かれるのが通常ですが（いわゆるFA債）、このような財務代理人は発行会社との契約に基づく権限を有するにすぎず法定の権限や義務を有しないため、社債権者に対する義務を負わないことから、社債権者の保護の観点から問題が指摘されてきたところです。

今回、社債管理者不設置債について、社債管理補助者を選任することが可能となったことで、社債権者の保護のための選択肢が増えたといえ、保護強化につながることが期待できます。なお、社債管理補助者の設置はあくまでも発行会社の任意であり、従来のFA債としての社債発行も引き続き可能です。

2　社債管理補助者の資格について

まず、社債管理者になることができる者は、社債管理補助者となることもできます（714条の3）。すなわち、社債管理者になれる銀行や信託銀行、信用金庫、信用組合、労働金庫、農業協同組合および保険会社等の金融機関は、社債管理補助者となることができます（703条、施行規則170条）。

加えて、「その他法務省令で定める者」も社債管理補助者になれることとされていますが、社債権者のために、受領した償還金等の管理や訴訟行為等を適切にすることができる者である必要があることから（中間試案補足説明47頁）、具体的には、（自然人である）弁護士および弁護士法人が定められています（施行規則171条の2）。

なお、日本弁護士連合会は、弁護士等が社債管理補助者に就任する場合の利益相反や、自然人である弁護士が死亡した場合の対応等について、弁護士職務基本規程の解釈指針（社債管理補助者に関する指針）で明らかにしています。

3　社債管理補助者の終任について

社債管理補助者が終任となるのは、下記の場合です。

(1)　社債管理者等が選任された場合

社債管理補助者は、担保付社債を除く社債管理者不設置債について選任できることとされています。したがって、その社債について社債管理者が選任された場合や、担保付社債信託法に基づく信託契約の効力が生じた場合には、社債管理者または信託会社が社債権者のために社債の管理を行うこととなるため、社債管理補助者の委託契約は当然に終了することとされています（714条の6）。

(2)　辞任の場合

辞任事由については社債管理者の規定が準用されています。すなわち、①社債発行会社および社債権者集会の同意を得た場合、②委託契約に定める事由が発生した場合および③やむを得ない場合で裁判所の許可を得た場合に、辞任することが認められています（714条の7・711条）。

ただし、前記①による辞任の場合、他に社債管理補助者がいるかどうかにかかわらず、あらかじめ事務を承継する社債管理補助者を定めることが求められます（714条の7・711条1項）。これは、社債管理補助者においては社債管理者と異なり、複数の社債管理補助者がいる場合でも、各自その権限に属する行為を行うこととされているためです（714条の5第1項）。

また前記②による辞任の場合、当該契約に事務を承継する社債管理補助者の定めがあることが必要です（714条の7・711条2項ただし書）。

（3） 解任の場合

解任事由についても、社債管理者の規定が準用されています。すなわち、社債管理補助者がその義務に違反した等の正当な理由があるときは、社債発行会社または社債権者集会の申立てに基づき、裁判所により解任されることになります（714条の7・713条）。

（4） 資格喪失等の場合

社債管理補助者が資格要件を失った場合や解散した場合にも、終任することになります。また自然人たる弁護士が社債管理補助者である場合には、その死亡も終任事由となります（714条の7・714条1項）。

（小林　章子）

29 社債管理補助者の権限は、どのようなものですか？

Check 714条の4～5（新設）、714条の7（新設）、717条3項（新設）、718条1項・4項、724条2項2号

Point

① 破産手続等への参加、民事執行手続における配当要求及び公告期間内の債権の申出の権限を当然に有する（法定権限）
② 委託契約により、債権の弁済受領や債権の実現を保全するための一切の裁判上又は裁判外の行為等の権限を有することができる（約定権限）
③ 社債権者集会について、少数社債権者の請求があるとき等に限り招集できる

社債管理補助者の職務は、社債権者による社債権者集会の決議等を通じた社債の管理が円滑に行われるよう補助することであり、あくまでも社債権者の補助的な位置づけとされています。

そのため、社債管理補助者の法定権限（必ず有する権限）は、既に開始された破産手続等への参加など、社債管理補助者の裁量の余地が乏しいものに限定されています（714条の4第1項各号）。

また社債に係る債権の弁済の受領、債権の実現を保全するための裁判上又は裁判外の行為等については、社債発行会社との委託契約により定められる約定権限とされています（714条の4第2項各号）。社債管理補助者が有することとなる権限は、個別の社債ごとのケースバイケースとなるものと考えられます。

約定権限の多くは社債権者集会の決議が必要とされていますが、この社

債権者集会の招集権限についても、必要がある場合にいつでも招集できる社債管理者と異なり、少数社債権者の請求がある場合等にのみ招集できることとされており（717条3項各号）、社債管理のイニシアティブはあくまでも社債権者に与えられています。

なお、複数の社債管理補助者が設置されている場合、各自、その権限に属する行為をしなければならないものとされています（714条の5第1項）。

解説　Explanation

1　法定権限について

（1）　破産手続・再生手続・更生手続への参加

社債管理補助者は、破産手続、再生手続又は更生手続において、破産債権者等としての債権の届出により、手続に参加することができます（714条の4第1項1号）。

これはあくまでも他人の申立てによって既に開始した手続への参加にとどまり、これらの手続を開始する法定権限は与えられていません。なお、委託契約により約定権限として付与することは可能です。

（2）　強制執行又は担保権実行手続における配当要求

社債管理補助者は、強制執行又は担保権実行手続において、配当要求をすることができます（714条の4第1項2号）。前記（1）と同様に、法定権限としては、他人の申立てによって既に開始した手続への参加ができるにとどまります。

（3）　公告期間内の債権の申出

解散等の清算事由（475条各号）が発生した場合、清算株式会社から債権者に対し、公告期間（2か月以上）内に債権の申出をすべき旨の公告等がされることになります（499条1項）。社債管理補助者は、この公告期間内における債権の申出をすることができます（714条の4第1項3号）。

2　約定権限について

社債管理補助者は、社債発行会社との委託契約に定める範囲内において、社債権者のために次の権限を有することとなります（714条の４第２項）。

なお、「委託契約に定める範囲内において」権限を有することから、委託契約においてある権限の行使の時期、条件又は方法等を定めることだけでなく、ある権限を全く有しないと定めることも可能と考えられます（中間試案の補足説明・49頁）。

（1） 債権の弁済の受領

社債に係る債権の弁済の受領は、社債管理者においては法定権限ですが（705条１項）、社債管理補助者においては約定権限とされました（714条の４第２項１号）。

社債管理補助者が弁済を受けた場合には、社債権者は、その社債管理補助者に対して、社債の償還額及び利息の支払を請求することができます（714条の４第５項・705条２項）。

なお、約定権限とされた趣旨は、法定権限の場合、社債発行会社が社債管理補助者に支払をする時点で社債に係る債権の弁済があったものとなりますが、社債権者に対して実際に支払をする時点までは弁済はないものとする方が、社債権者にとっては有利な場合があると考えられることから、約定権限にとどめられたものです（中間試案補足説明48～49頁）。

（2）705条１項の行為

社債に係る債権の実現を保全するための一切の裁判上又は裁判外の行為（705条１項）は、社債管理者においては法定権限ですが、社債管理補助者においては法定権限及び債権の弁済の受領を除き、約定権限とされました（714条の４第２項２号）。具体的には、①社債の元本・利息の支払請求・催告、②支払請求のための訴えの提起及び③社債権の保全のための仮差押え・仮処分の申立て等の行為が挙げられます。

また社債管理補助者が行う705条１項の行為のうち、社債の全部についてする支払請求、社債の全部に係る債権に基づく強制執行・仮差押え・仮処分、社債の全部についてする訴訟行為又は破産手続・再生手続・更生手続・特別清算に関する手続に属する行為については、社債権者集会の普通決議が必要となります（714条の４第３項１号イ～ハ・724条１項）。これは、社債管理補助者は社債管理者よりも裁量の余地の限定された権限を有するものと位置付けられるところ、これらの行為については性質上裁量の余地が限定されているとはいえず、社債権者に不測の損害を与えるおそれも懸念されることから、特に社債権者集会の決議を必要としたものです（中間試案補足説明49頁）。

(3) 706条1項各号の行為

社債の全部についてする支払猶予、債務不履行責任の免除又は和解（706条1項1号）や、705条1項の行為を除く社債の全部についてする訴訟行為又は破産手続・再生手続・更生手続・特別清算に関する手続に属する行為（706条1項2号）については、社債管理者においては法定権限ですが、社債管理補助者においては約定権限とされました（714条の4第2項3号）。社債管理補助者がこれらの行為を行うためには社債権者集会の特別決議が必要です（714条の4第3項2号・724条2項2号）。

これらの行為は、社債管理者においても社債権者集会の特別決議が必要とされており（724条2項）、より裁量の余地の少ない社債管理補助者についても同様に社債権者集会の特別決議を必要としたものです。

(4) 社債発行会社が社債の総額について期限の利益を喪失することとなる行為

社債発行会社が社債の総額について期限の利益を喪失することとなる行為について、社債管理補助者の約定権限とされました（714条の4第2項4号）。社債管理補助者がこの行為を行うためには社債権者集会の普通決議が必要です（714条の4第3項2号・724条1項）。

(5) その他の権限

社債管理補助者の約定権限については、社債管理者において（特に限定なく）約定権限を付与することが認められていること（施行規則162条4号）との均衡等にかんがみ、明文で定められた権限に限定列挙するものではないとされています（中間試案補足説明49頁）。したがって、上記以外の権限についても、委託契約に定めることにより、社債管理補助者が有することができるものと考えられます。

もっとも、社債発行会社の業務及び財産の状況の調査（705条4項・706条4項）等、705条1項及び706条1項の規定以外の法律の規定により社債管理者に付与されている権限については、社債管理補助者に付与することはできません（竹林ほかⅥ 6～7頁）。

3 社債権者集会の招集権限について

社債権者集会について、社債管理者は必要がある場合いつでも招集することができますが（717条1項・2項）社債管理補助者については、次の場合に限り、招集することができるとされています（717条3項）。

(1) 少数社債権者の請求があった場合

少数社債権者（ある種類の社債の総額（償還済みの額を除く。）の10分の1以上に当たる社債を有する社債権者）は、社債管理補助者に対し、目的事項及び招集の理由を示して社債権者集会の招集を請求することができ（改正718条1項）、社債管理補助者はこの請求を受けた場合、社債権者集会を招集することができます（717条3項1号）。

(2) 社債管理補助者が辞任する場合

社債管理補助者の辞任事由の1つとして、社債発行会社および社債権者集会の同意を得て辞任することが認められており（714条の7・711条1項）、社債管理補助者は、自らの辞任についての決議を得るための社債権者集会を招集することができます（717条3項2号）。

	社債管理補助者	社債管理者
法定権限（必ず有する権限）	(1)破産手続・再生手続・更生手続への参加（714条の4第1項1号） (2)強制執行又は担保権実行手続における配当要求（714条の4第1項2号） (3)公告期間内の債権の申出（714条の4第1項3号）	(1)債権の弁済の受領（705条1項） (2)債権の実現を保全するための一切の裁判上又は裁判外の行為（705条1項） (3)社債の全部についてする支払猶予、債務不履行責任の免除、和解、訴訟行為、破産手続・再生手続・更生手続・特別清算に関する手続に属する行為（706条1項各号）(※1) (4)社債発行会社の業務及び財産の状況の調査（705条4項・706条

		4項）[※2]
約定権限（委託契約で定められる権限）	(1)債権の弁済の受領（714条の4第2項1号） (2)705条1項の行為（714条の4第2項2号）[※3] (3)706条1項各号の行為（714条の4第2項3号）[※4] (4)社債発行会社が社債の総額について期限の利益を喪失することとなる行為（714条の4第2項4号）[※5] (5)その他の権限	法定権限以外の権限（施行規則162条4号）
社債権者集会の招集の権限	次の場合に限り招集可 (1)少数社債権者の請求があるとき（717条3項1号） (2)社債管理補助者の辞任のため必要があるとき（717条3項2号）	必要がある場合いつでも招集可（717条1項・2項）

（※1） 社債権者集会の特別決議が必要（706条1項柱書本文・724条2項2号）
（※2） 裁判所の許可が必要（705条4項・706条4項）
（※3） このうち、社債の全部についてする支払請求、社債の全部に係る債権に基づく強制執行、仮差押え・仮処分、社債の全部についてする訴訟行為、破産手続・再生手続・更生手続・特別清算に関する手続に属する行為については、社債権者集会の普通決議が必要（714条の4第3項1号イ～ハ・724条1項）
（※4） 社債権者集会の特別決議が必要（714条の4第3項2号・724条2項2号）
（※5） 社債権者集会の普通決議が必要（714条の4第3項2号・724条1項）

（小林　章子）

30 社債管理補助者の義務と責任は、どのようなものですか？

Check 714条の4第4項（新設）、714条の5（新設）、714条の7（新設）

Point
① 公平誠実義務及び善管注意義務を負う
② 委託契約に従い、社債の管理に関する事項について、報告等の義務を負う
③ 社債管理補助者が複数存在する場合、各自で権限を行使するが、同一の損害については連帯責任を負う

1　社債管理補助者は、委託を受けた事務について、社債管理者と同様に、公平誠実義務及び善管注意義務を負うこととされました（改正714条の7・704条）。また、社債管理補助者は、会社法又は社債権者集会の決議に違反する行為をしたときは、社債管理者と同様に、社債権者に対し、それによって生じた損害を賠償する責任を負います（改正714条の7・710条1項）。ただし、社債管理者については、債権の保全・回収に関する利益相反行為につき、誠実義務違反および義務違反と損害との間の因果関係の不存在の証明責任が社債管理者に転換されていますが（710条2項）、社債管理補助者については、そのような証明責任の転換はされないこととなりました（改正714条の7における710条2項の不準用）。

2　社債管理補助者は、委託契約に従い、社債の管理に関する事項について、社債権者に報告し、または社債権者がこれを知ることができるようにする措置をとる義務を負うこととされました（改正714条の4第4項）。

3　社債管理補助者が複数存在する場合は、社債管理者が複数存在する場

合とは異なり、社債管理補助者は各自で権限を行使することとされましたが（改正714条の5第1項）、同一の損害賠償責任については連帯責任を負う（同条2項）こととされました。

解説　Explanation

1　社債管理補助者の義務

（1）　公平誠実義務・善管注意義務

社債管理者は、社債の管理にあたって、社債権者のために、公平かつ誠実に社債の管理を行わなければならないとされています（公平誠実義務。704条1項）。このうち、公平義務とは、社債の管理を行うにあたり、社債権者を、その内容・数額に応じて公平に取り扱う義務をいい、誠実義務とは、社債管理者が自己または第三者の利益と社債権者の利益が相反する場合に、自己または第三者の利益を優先してはならないという意味であるとされています（江頭編・会社法コンメ16社債138〜139頁［藤田友敬］）。また、社債管理者は、社債権者に対し、善良な管理者の注意をもって社債の管理を行わなければならないとされています（善管注意義務。704条2項）。

また、社債管理者は、発行会社の取引銀行であることが多いところ、取引銀行が発行会社に対して多額の貸付債権を有する場合も少なくないため、発行会社の財務状況が悪化した場合において、取引銀行が、社債権者に対する誠実義務に違反して自己の債権の保全・回収を優先させ、社債権の保全・回収を怠る危険があります。そこで、会社法においては、そのような社債管理者の利益相反行為の類型を710条2項各号において列挙した上で、それらの行為について社債権者が容易に損害賠償責任の追及をできるようにするため、誠実義務違反行為該当性およびそれらの行為と社債権者に生じた損害の間の因果関係について、証明責任を社債管理者に転換することとしています（701条2項）（江頭編・会社法コンメ16社債170頁［田澤元章］）。

社債管理補助者にいかなる義務を負わせるかについては、現行法下において社債の管理業務の主な担い手であった銀行界から、社債管理者となった銀行が誠実義務に抵触しないよう多大な配慮を要している実情などを踏まえ、担い手の多様性や円滑な業務運営の観点から、社債管理補助者が裁量の余地がない権限のみを有する場合については基本的に誠実義務違反を負わないこととし、かつ、それを明確にすべきであるといった意見が出されました（第４回部会参考資料17、第４回部会議事録７～８頁・小池参考人発言）。しかし、社債の管理のために必要となる包括的権限を広い裁量をもって行使する社債管理者とは異なり、社債の管理の補助を行う社債管理補助者の裁量の余地は限定されている上、委託契約により裁量の範囲をさらに限定することもできるため、社債管理補助者が誠実義務違反を問われる可能性のある場面は、社債管理者に比べて限定的となるものと考えられ、また、社債管理補助者は、社債の管理の補助について委託を受ける以上、委託者である社債権者の信頼を裏切ることがないよう公平誠実義務・善管注意義務を負うべきであると考えられます（中間試案補足説明48頁）。そこで、社債管理補助者についても、社債管理者と同じく、公平誠実義務・善管注意義務が課されることとなりました（改正714条の７・704条）。

ただし、上述したような利益相反行為に係る証明責任の転換については、社債管理者と社債管理補助者の位置づけや裁量の差異などを踏まえ（中間試案補足説明52頁）、社債管理補助者についてはなされないこととなりました。

なお、善意無重過失の善管注意義務違反について社債管理補助者を事前に免責することができるかが問題となりえますが、立案担当者からは、社債管理者と同様にそのような免責は認められないとの見解が示されています（中間試案補足説明48頁）。

（２）社債の管理に関する事項についての情報伝達義務

社債管理補助者の中心的な職務は発行会社と社債権者との情報伝達の仲介であるとの指摘や、社債の総額の10分の１未満の社債を有する（すなわち、社債権者集会の招集請求権を有しない）社債権者についても、社債管理補助者を通じて他の社債権者に対して社債権者集会の要否の意思確認をすることができるような仕組みが必要であるとの指摘などを踏まえ（中間試案補足説明50頁）、社債管理補助者は、「社債の管理に関する事項を社債権者に報告し、又は社債権者がこれを知ることができるようにする措置をとらなければならない」こととされました（改正714条の４第４項。以下「情報伝達義務」

といいます）。

ただし、かかる義務の対象となる事項や情報伝達の方法を、画一的に規定することは相当でないことから（中間試案補足説明50頁）、それらは発行会社と社債管理補助者の間の委託契約に従うこととされました（改正714条の4第4項）。

なお、かかる委託契約において情報伝達義務を全く定めないこととすることができるかが問題となりえますが、社債管理補助者は社債権者が適切に社債の管理を行うにあたって必要な情報を提供すべきであるとしてこれを否定する見解が立案担当者から示されていること（第9回部会議事録4～5頁・竹林幹事発言）を踏まえると、委託契約においては何らかの情報伝達義務が定められる必要があると考えられます。

（3）弁護士又は弁護士法人が社債管理補助者となる場合（Q28参照）

弁護士会は、弁護士又は弁護士法人が社債管理補助者となる場合に関し、弁護士法及び弁護士職務基本規程に基づく利益相反避止義務その他の留意事項等について、指針を策定し、公表しています（日本弁護士連合会「社債管理補助者に関する指針」、2020年2月21日）。

2　社債管理補助者が複数存在する場合の責任

社債管理者が複数存在する場合、それらの社債管理者は、権限を共同して行使しなければならないこととされています（709条1項）。そして、社債管理者が社債権者のために受けた社債の弁済については、社債権者に対して連帯して支払義務を負い（709条2項）、会社法又は社債権者集会の決議に違反する社債管理者の行為により社債権者に生じた損害についても、連帯責任を負うこととされています（710条1項）。

これに対し、社債管理補助者が複数存在する場合については、その権限が裁量の余地が乏しい範囲に限定される場合に共同行使を要求することの実益は乏しいと思われることや、迅速かつ円満な事務の遂行の観点から（中間試案補足説明51頁）、各自がその権限に属する行為をしなければならないこととされました（改正714条の5第1項）。

その上で、社債権者保護の観点から、それら複数の社債管理補助者が連帯責任を負う場合が規定されました（中間試案補足説明51頁）。すなわち、ある社債管理補助者が社債権者に生じた損害の賠償責任を負う場合において、他の社債管理補助者もその損害の賠償責任を負うときは、それらの社債管理補助者は連帯債務者となることとされました（改正714条の5第2項）。

なお、このように社債管理補助者が複数存在する場合については、それらの社債管理補助者が相互に監視義務を負うか否かも問題となりえますが、立案担当者からは、そのような監視義務を負うことは想定していないとの見解が示されています（第9回部会議事録3～4頁・竹林幹事発言）。

（小林　知子）

31 社債権者集会について、どのような改正がされましたか？

Check 706条1項1号、717条2項・3項（3項につき新設）、718条1項・4項、720条1項、724条2項2号、729条、731条3項、735条の2（新設）、737条1項1号～3号（号につき新設）、740条1項・3項、741条

Point
① 社債権者集会の決議により社債の元利金の減免ができることが明文化
② 社債権者全員の書面同意により社債権者集会の決議を省略できる
③ ②の決議は、裁判所の認可がなくても効力が生じる

1　現行法においては、社債権者集会の決議により、社債の全部について、その元本及び利息（元利金）の全部又は一部を免除すること（以下「元利金の減免」といいます。）ができるかについては、明文の規定が存在しないところ、改正法では、法的安定性の見地から、社債債権者集会の特別決議により元利金の減免を行うことができる旨が明文化されました（改正706条1項1号）。

2　改正法では、社債権者集会の目的事項に係る提案について、議決権を行使できる社債権者の全員が書面又は電磁的記録により同意をした場合は、可決の決議があったものとみなす制度が導入されました（改正735条の2第1項）。また、そのようなみなし決議の効力は、通常の社債権者集会の決議と異なり、裁判所の認可を経ずに当然に生じることとされました（改正735条の2第4項）。

解説 Explanation

1 社債権者集会の決議による元利金の減免

発行会社が経営危機に陥り、社債の元利金の支払を履行できないような場合、直ちに不履行の責任を追及するよりも支払猶予や債務の一部免除等により倒産等の事態を回避した方が、かえって社債権者の利益にかなうことがあると指摘されています（江頭編・会社法コンメ16社債146頁〔藤田友敬〕）。しかし、仮に、元利金の減免を私的整理の中で行うことができず、これを行うためには法的整理によらざるを得ないとすれば、法的手続に入ることによる発行会社の事業価値の毀損等が生じる等、社債権者に不利益が生じることが考えられます。

現行法上、元利金の減免については、明文の規定はないものの、706条1項1号の「当該社債の全部についてするその支払の猶予、その債務の不履行によって生じた責任の免除又は和解」の「和解」に該当し、社債権者集会の特別決議（724条2項）によりすることができるという解釈が有力であるとされていました（中間試案補足説明55頁）。そして、かかる解釈によれば、元利金の減免を私的整理の中で行う余地が生じると考えられます。

他方において、そのような解釈については、「和解」の要件である互譲（民695条参照）があるかどうかが明確でないとの指摘がありました（部会資料5・13頁）。また、改正前706条1項1号の文言上、債務の一時的免除である「支払の猶予」について明文の規定があることの反対解釈として、元利金の減免は認められないのではないかという指摘や、そもそも多数決によって社債の中心的権利である元金の減免をすることができるのかという論点も存在していました（第4回部会議事録26頁・梅野幹事発言）。そして、現実に、元利金の減免の可否という問題を踏まえて、社債権者集会の決議をした上で裁判所の認可を受けた事例や、逆に決議をしないという形でこの問題を回避した事例もあったとの指摘もされました（第4回部会議事録26頁・梅野幹事発言）。

このような現状を踏まえ、改正法では、法的安定性の見地から、上述の現行法下における有力な解釈を明文化することとなりました（中間試案補足説明55頁)。

なお、社債の元利金の減免という権限が非常に強力であることなどを踏まえ、社債権者の保護などの見地から、社債発行契約に特に定めた場合にのみ元利金の減免を可能とすること(オプトイン方式)についても、検討がなされました(第4回部会議事録25頁及び29～31頁・神作委員、藤田委員、中東幹事及び田中幹事発言)。しかし、オプトイン方式を採用した場合、既発行の社債についての現行法下における有力な解釈(上述)に基づいた実務との整合性の確保という問題があることや、現行法上、社債の支払の猶予や社債の償還期限の延長など、他の行為について社債発行契約に特に定めることを要求していないこととバランスを欠くことなどが指摘され(第4回部会議事録29～31頁・藤田委員、中東幹事及び田中幹事発言、中間試案補足説明55頁)、結局、オプトイン方式は採用されないこととなりました。

もっとも、社債権者集会の決議による元利金の減免が無制限に認められるというわけではなく、一定の制約が課せられる可能性があります。例えば、清算価値を下回るような元利金の減免の決議がなされた場合、そのような決議は社債権者一般の利益に反するため、裁判所は認可することができない(733条4号)とされ得ます(第4回部会議事録26頁・梅野幹事発言)。

2　社債権者集会の決議の省略

(1)　決議の省略の明文化

現行法においては、社債権者集会における決議について、株主の全員の同意による株主総会の決議の省略(319条1項)のように明文で決議の省略を認める規定は、存在しません。

他方において、社債権者集会の決議を要求する規定の多くは強行法規であり、社債権者の全員の同意をもって決議に代えることはできないとする解釈が存在していました(中間試案補足説明55頁)。

しかし、近年、機動的な意思決定のため、社債権者の全員の同意があるときは社債権者集会の決議の省略を認めてほしいという要請がみられるようになりました(竹林ほかⅣ・11頁)。また、社債権者から社債権者集会の目的事項の提案がされた場合において、当該提案について議決権を行使できる社債権者の全員が、書面又は電磁的記録により同意の意思表示をしたときは、社債権者集会を現実に開催することを義務付ける必然性がなく、その省略を認めることが合理的であると考えられます（部会資料5・13頁）。

そこで、改正法においては、明文の規定により、決議の省略を認めることとなりました（改正735条の2。以下「みなし決議」といいます）。

（2） 裁判所の認可の適用除外

社債権者集会における決議は、株主総会における決議とは異なり、事後的な裁判所の認可がなければ効力を生じないものとされています（734条1項）。その理由については、社債権者集会の決議は、支払の猶予や債権の一部放棄など、社債権者に譲歩を強いる内容であることが多いため、裁判所の強い後見的機能が期待されているからであるなどと説明されています（江頭・株式会社法（第7版）827頁）。

しかし、社債権者集会の決議に常に裁判所による認可が必要であるとすることについては疑問が呈されていることや、社債権者全員が社債権者集会の目的事項に同意している場合には、裁判所の認可を要求しなくても社債権者の保護に欠けることはないことから（部会資料5・14頁、中間試案補足説明55頁）、みなし決議については、例外的に、裁判所による認可を要しないこととされました（改正735条の2第4項）。

なお、社債権者集会の決議の省略の手続によった場合において、社債権者の同意などに瑕疵があったときの取扱いについては、改正法では特段の規定は設けられませんでしたが、立案担当者からは、そのようなケースにおいては社債権者集会の決議があったとはみなされず、訴えの利益を有する者は、いつでもその旨を主張できるという見解が示されています（中間試案補足説明56頁）。

（小林　知子）

32 株式交付とは、どのような制度ですか？

Check 2条32号の2（新設）、第5編第4章の2株式交付（新設）、施行規則4条の2

Point
① 子会社とする対価として自社株式を交付する制度である
② 親会社では株式交換に準じた手続を必要とする
③ 子会社株主からは個別的に親会社株式を譲受ける

株式交付は、株式会社が他の株式会社をその子会社（子会社のうち、法務省令が定めるものに限ります。）とするために、他の株式会社の株式を譲り受け、株式の譲渡人に対してその対価として、自社の株式を交付する制度です（2条32号の2）。株式交付をする親会社には、①株式交付計画を定め、株主総会の特別決議による承認を必要とする、②反対株主の株式買取請求権、③債権者保護手続など、株式交換の手続に準じて、親会社となる会社の株主・債権者保護のための制度が定められています。子会社となる株主は、親会社となる会社に個別的に株式の譲渡の申し込みをするので、特に手続は定められていません。子会社（上記基準）となる株式数の申込みがあった場合に限り、譲渡を申込んだ株主に親会社株式が交付されます。

解説 Explanation

1 自社株式を対価とする買収の方法

株式会社（買収会社）が他の株式会社（対象会社）を買収しようとする場合の対価として、金銭でなく、自社株式を用いることは、買収資金の調達を不要とするだけでなく、対象会社の株主にとっても、買収後も買収会社の株式を保有することにより、買収によるシナジー、買収後の買収会社及び対象会社の成長や業績向上による利益を享受することが可能となるという利点があります（中間試案補足説明56頁）。

買収会社が自社株式を対価として対象会社を買収する方法には、（1）株式交換（767条～）と、（2）対象会社の株式を現物出資財産として募集株式の発行（199条1項）をする方法、（3）産業競争力強化法第32条に基づく自社株式対価公開買い付けの特例による方法があります。

（1） 株式交換は、その効果として取得する子会社の株式は、発行済株式の全てであり、過半数を超える水準にとどめることはできません（2条31号）。

（2） 対象会社の株式を現物出資財産として取得する場合には、(ア)買収対価には支配権プレミアムを加算するため、有利発行規制（199条3項・200条2項・201条1項）を受け、株主総会の特別決議を必要とするだけでなく、(イ)原則として必要な検査役の調査（207条）の手続に一定の時間と費用を要する、(ウ)引受人となる対象会社の株主及び買収会社の取締役等に財産価額担保責任（212条・213条）を負う可能性がある（特に上場会社である買収会社の株式が急落したとき等）、などの制約があり、実際には利用することが難しいという制約がありました。

（3）自社株式対価公開買付けは、認定再編事業計画に従って、公開買付けの方法により他の株式会社を関係事業者（経営を実質的に支配していると認められるものとして産業競争力強化法施行規則第3条に定める関係を有する者）としようとする場合等に会社法の特例として、株式交換類似の手続により、有利発行規制と現物出資規制を適用除外にしています。しかし、経済産業大臣による認定を要件としており、公開買付け以外の方法による取得には適用されないという制約がありました（課税上も、譲渡損益の繰り延べが認められていないため、利用された実例がありませんでした）。

2 株式交付制度の新設

（1） このため、法制審部会では、会社法上、募集株式の手続によらなくても、株式を対価とした買収により円滑に他の株式会社を子会社とするための新制度として、株式交付の創設が検討されました。

その際、(ア)株式会社が他の株式会社を子会社にする場合にも、完全親子関係を創設する株式交換と大きな違いを設ける必要はなく、株式交換と同様の規律の適用を検討することが可能との考え方の下に、(イ)株式交付親会社が、株式交付子会社を新たに子会社とするときは、株式交付親会社の株主及び債権者の保護について、株式交換と同様の規律があるとすることにより、現物出資財産に係る検査役の調査や募集株式の引受人及び取締役等の財産価額填補責任の適用はないとすること、他方で、(ウ)株式交付親会社は、株式交付子会社の株主から株式を法律上当然に取得せず個別に譲り受けるものとし、両社間の契約関係は要せず、株式交付子会社に関する特段の規律は置かないこととしました。

これは、株式交付によって親子会社関係を創設することを組織法上の行為と同様の性質を有するとしつつ、親会社だけについて株式交換と同様の規律を必要とするいわば「部分的な株式交換」との位置付けをしたものです（中間試案補足説明57頁）。

（2） 株式会社の対象会社

株式交付の対象会社は、株式会社に限られます（2条32号の2）。

(ア) 持分会社を対象会社に含めることも検討されましたが、持株会社では、業務の決定が持分の過半数ではなく、業務を執行する社員によるので、子会社要件を、「客観的かつ形式的な基準」によって決めることが困難であることから、対象外とされました（中間試案58頁）。

(イ) 株式会社と同種の外国会社も、当初、対象会社に含める方向で検討されていました。この同種性の判断のためには、外国会社の設立準拠法に基づき、当該会社の性質や内容を評価する必要があります。しかし、株式交付の実行前に、実施の可否を判断するためには、「客観的かつ形式的」な基準による必要があるので、そのような評価は容易ではなく、対象となる会社は、会社法上の株式会社に限ることになりました（部会資料27・18頁）。

（3） 株式交付によって子会社株式を取得する対価としては、親会社株式を交付する限り、合わせて金銭も交付可能です（774条の3第1項3号5号）。

（4） 株式交付は、株式交付親会社が親会社株式を対価として交付することによって、株式交付子会社の株主から、子会社株式の個別的な有償の譲り受けをするものです。したがって、子会社が上場会社等の有価証券報告書の提出義務のある会社である場合には、この譲受けについて、公開買付規制（金融商品取引法27条の2～27条の22の4）が適用されます。また、株式交付により譲受ける株式が譲渡制限付株式である場合には、子会社における譲渡承認手続を必要とします。株式交付では、株式交換と異なって、株式交付子会社の株式と合わせて新株予約権・新株予約権付社債も譲受け可能です（774条の3第1項7号）。

3　子会社の要件

(1)　株式交付は、株主交換等と同様に組織再編上の行為と位置付けられるため、株式会社（株式交付親会社となろうとする会社）が、子会社でない株式会社（株式交付子会社にしようとする会社）を子会社にする場合にだけ認められます。この子会社の要件は、株式交付による株式発行の有効性の判断に係るものであるため、「客観的かつ形式的な基準」によって判断することができるように、会社法及び会社法施行規則が定める親子会社関係の要件（施行規則3条3項1号）のうち、1号の定める基準（議決権基準：50％超）の基準だけによって判断されます（2条32号の2、施行規則4条の2）。従って、株式交付によって、他の株式会社を(ア)会社法上の子会社でない会社を同項2号または3号（実質支配基準）に基づく子会社にすることはできませんが、(イ)同項2号又は3号（実質支配基準）に基づく子会社である会社を、同項1号（議決権基準）に基づく子会社にすることは可能ですし（中間試案補足説明58頁）、(ウ)同項1号の保有議決権数に加算される株式を保有する子会社は、同項1号だけでなく、2号又は3号（実質基準）による子会社も含まれます。

これに対し、産業競争力強化法32条に基づく自社株式対価公開買付けは、同法3条の関係を創設するために行うことができ、同号イ（議決権基準）による場合だけでなく、同号ロ又はハによる場合も含まれています。同法による自社株対価公開買付けは、①対象会社が公開買付けの対象となる会社、即ち有価証券報告書の提出義務がある継続開示義務を負う会社に限定されていること、②実施する会社は、経済産業大臣の認定した計画に基づく必要があり、計画の審査の過程で、子会社要件も審査の対象となり得ます。しかし、株式交付は、純粋に私人間の取引であり、親会社となろうとする会社が、対象会社の業容や組織再編の必要性に関する特定の要件を必要とせず、会社法上の手続を踏めば会社の自律的な判断のみによって行うことができます。このような相違点も背景にある中、株式交付における子会社要件は、自社株式対価公開買付けとは異なり、「客観的かつ外形的」な要件によって判断されるべきとされました。

(2)　また、株式交付は、対象会社を新たに子会社にする場合にだけ行うことができ、子会社とすることができなかった場合には、再度行うことが可能ですが、子会社とした場合には、その持ち株比率を高めるために再度行うことはできません。これに対し、会社法上の実質基準による子会社(施行規則3条3項2号又は3号)を、株式交付によって、子会社(同項1号)にすることは可能です。

4　必要な手続

(1)　株式交付親会社では、株式交換に準じた手続が定められており、株式交付計画を定め、株主総会の特別決議による承認が必要です((2)の例外あり。)(816条の3第1項)。反対株主には株式買取請求権が認められ(816条の6)、債権者保護手続が定められています(816条の8)。

これに対し、株式交付子会社では、子会社株式から個別的に株式を譲り受けるため、特段の手続は定められていません。

(2)　株主総会の手続を不要とする例外

株主総会の手続を不要とする例外として、簡易手続が定められています(816条の4)。この基準では、交付する株式と金銭等の両方を含んでおり、自己株式対価公開買付けの簡易基準のように、金銭が除かれていません。これは、株式交付が一種の組織再編として定められているのに対し、自己株式対価公開買付けが募集株式の発行の特則として定められていることを背景としています。

(沖　隆一)

Q 33 株式交付計画の記載事項と条件は、何ですか？

Check 2条32号の2、774条の2、774条の3、774条の10、774条の11、816条の9（新設）、施行規則3条3項1号、4条の2（新設）

Point
① 株式交付計画の必要的記載事項には、譲受株式数の下限等がある
② 譲受株式数の下限は、子会社とするに足りる数である必要がある
③ 株式交付で子会社となる会社は、日本法上の株式会社である必要がある

株式交付計画には、株式交付により子会社となる株式交付子会社の商号及び住所、株式交付により譲り受ける株式交付子会社の株式の数の下限、株式交付の対価に関する定め、譲渡しの申込みの期日、効力発生日などを記載します。

株式交付は、他の株式会社を子会社にするための手続であり、株式交付により譲り受ける株式交付子会社の株式の数の下限は、効力発生日において、株式交付子会社が株式交付親会社の子会社となるように定めなければならないものとされています。

この「子会社」とは、株式交付の実施の可否を実行前に客観的かつ形式的な基準によって判断することができるようにするため、施行規則3条3項1号に定める議決権の数の割合が100分の50を超える場合の「子会社」に限られ、実質基準による子会社は除外されます（2条32号の2、施行規則4条の2）。

また、この株式交付子会社は、日本法上の株式会社である必要があります。

解説　Explanation

1　株式交付計画の内容

株式会社が、株式交付を行う場合、株式交付計画を作成しなければならず（774条の2）、株式交付計画には、次に掲げる事項を定める必要があります（774条の3第1項）。

ア　株式交付子会社の商号及び住所（1号）

イ　株式交付親会社が譲り受ける株式交付子会社の株式の数（株式交付子会社が種類株式発行会社である場合にあっては、株式の種類及び種類ごとの数）の下限（2号）

ウ　株式交付親会社が株式交付に際して株式交付子会社の株式の譲渡人に対して交付する対価（株式等）及び対価の割当てに関する事項（3～6号）

エ　株式交付親会社が株式交付に際して株式交付子会社の株式と併せて新株予約権等を譲り受けるときは、当該新株予約権等の内容及び数又は算定方法（7号）

オ　新株予約権等の譲渡人に対して交付する対価（株式等）及び対価の割当てに関する事項（8号・9号）

カ　株式及び新株予約権等の譲渡しの申込期日（10号）

キ　株式交付の効力発生日（11号）

2　株式交付子会社の商号及び住所（1号）

株式交付計画では、株式交付の対象となる株式交付子会社を特定するため、その商号及び住所を記載する必要があります。

株式交付子会社とは、株式交付親会社（株式交付をする株式会社をいいます。）が株式交付に際して譲り受ける株式を発行する株式会社をいいますが、この株式交付子会社は、日本法上の株式会社である必要があり、持分会社や同種の外国会社は、株式交付の対象から除外されています。

これは、持分会社が他の会社の子会社に該当するかどうかは、業務執行の権限を基準とした支配力又は影響力により判断することが適当であると考えられており、株式交付の実施の可否を客観的かつ形式的な基準によって事前に判断することは難しいからです。また、外国会社が株式会社と同種かどうかについても、設立準拠法によらなければ判断が難しいからです（一問一答194頁）。

3　譲り受ける株式交付子会社の株式の数の下限（2号）

株式交付計画においては、譲り受ける株式交付子会社の株式の数の下限を定めなければならないとされています（774条の3第1項2号）。

そして、株式交付の手続が、他の株式会社を子会社とするための手続であることから、当該下限の定めは、効力発生日において、株式交付子会社が株式交付親会社の「子会社」となる数でなければならないものとされています（774条の3第2項）。

この「子会社」とは、法務省令で定めるものに限るとされており（2条32号の2。774条の3第2項において同じ。）、具体的には、議決権割合が過半数である場合の子会社（施行規則3条3項1号）に限られます（施行規則4条の2）。これは、株式交付親会社が自己（その子会社及び子法人等を含む。）の計算において所有している議決権の数の割合に基づいて株式交付の実施の可否を実行前に客観的かつ形式的な基準によって判断することができるようにするためです（一問一答193頁）。

なお、上記の株式交付親会社の「自己（その子会社及び子法人等を含む。）」（施行規則3条3項1号）の計算において所有する議決権数における「子会社及び子法人等」の判断に関しては、従来のとおりの実質基準も含むものとされています（第10回部会議事録7頁・青野関係官発言、第13回部会議事録9頁・邉関係官発言）。

また、株式交付は、子会社ではない株式会社を子会社化するための手続であることから、もともと子会社である会社の株式の買い増しのために使うことはできません（第13回部会議事録4～5頁・青野関係官発言、一問一答192頁）。もっとも、既に施行規則3条3項2号の場合の子会社である株式交付子会社を同項1号の場合の子会社にするために株式交付を利用することは可能です（中間試案補足説明58頁、神田Ⅶ7頁）。また、株式交換の場合、買収の対象となる会社を完全子会社にしなければなりませんが、株式交付の場合は、株式交付子会社を完全子会社にする必要はありません。

4　株式交付の対価及びその割当てに関する定め（3～6号）

株式交付計画においては、株式交付親会社が株式交付子会社の株式の譲渡人に対して対価として交付する株式交付親会社の株式の数又はその数の算定方法、並びに株式交付親会社の資本金及び準備金の額に関する事項を定める必要があります（774条の3第1項3号・774条の11第5項4号）。

また、株式交付子会社の株式の譲渡人に対する対価として、株式交付親会社の株式に加えて、当該株式以外の財産（以下、本項において「金銭等」という。）も交付することができ、この場合、交付する金銭等の内容に応じて、その内容及び数若しくは額又はその算定方法等を規定する必要があります（774条の3第1項5号）。

なお、株式交付子会社が種類株式発行会社である場合には、一部の種類の株式交付子会社の株式についてのみ株式交付親会社の株式を対価とした上で、その他の種類の株式については、無対価とし、又は株式交付親会社の株式以外の財産を対価とすることができます（774条の3第3項、中間試案補足説明59頁）。

株式交付計画においては、株式交付子会社の株式の譲渡人に対して交付する株式交付親会社の株式の「割当てに関する事項」も定めなければなりませんが（774条の3第1項4号）、この「割当てに関する事項」は、譲り渡す株式交付子会社の株式の数（株式の種類ごとに異なる取扱いを行うこととするときは、各種類の株式の数）に応じて株式交付親会社の株式を交付することを内容とするものでなければならないとされます（774条の3第4項）。金銭等を交付する場合も同様です（774条の3第1項6号・5項）。

5　株式交付子会社の株式と併せて取得する新株予約権等の定め等（7～9号）

株式交付子会社において新株予約権や新株予約権付社債（以下、これらを合わせて「新株予約権等」といいます。）が発行されている場合、株式交付の実行後、新株予約権等を行使されると、株式交付子会社の株式が増加して、株式交付子会社が株式交付親会社の子会社でなくなる可能性があります（中間試案補足説明60頁）。そこで、このような事態を防ぐために、株式交付親会社が、株式交付子会社の株式と併せて新株予約権等を譲り受けるときは、株式交付計画において、当該新株予約権等の内容及び数又はその算定方法を定めなければならないものとされています（774条の3第1項7号）。

また、新株予約権等を譲り受ける場合において、新株予約権等の譲渡人に対して交付する新株予約権等の対価として、金銭等（株式交付親会社の株式を含みます。）を交付するときは、当該金銭等について一定の事項（当該金銭等の数又は算定方法等）を記載する必要があります（774条の3第1項8号）。なお、株式交付子会社の新株予約権等の譲受けについては、無対価とすることもできます（中間試案補足説明60頁）。

株式交付については、金融商品取引法上の公開買付規制が適用される可能性がありますが、公開買付規制において、新株予約権等に関しても、全部勧誘義務及び全部買付義務が発生し、買い付けることが義務付けられる場合があります。

6　譲渡しの申込みの期日

株式交付計画においては、株式交付子会社の株式及び新株予約権等の譲渡しの申込みの期日を株式交付計画で定めなければならないものとしています（774条の3第1項10号）。

これは、株式交付においては、株式交付親会社は、株式交付子会社の株式等を法律上当然に取得せず、株主との個別の合意により、譲り受けるものであるからです（中間試案補足説明59頁）。

7　効力発生日

株式交付計画においては、株式交付の効力発生日を定める必要があります（774条の3第1項11号）。

株式交付では、株式交付子会社の株式の給付により必ず株式交付子会社の株式の譲渡人が株式交付親会社の株主となるものではなく、効力発生日において、株式交付子会社の株主から給付された株式交付子会社の株式の総数が株式交付計画で定めた下限を満たすなどの条件を満たして初めて効力が生じるからです。

株式交付の効力発生日は変更することができます（816条の9第1項）。ただし、変更後の効力発生日は、株式交付計画で定めた当初の効力発生日のから3か月以内の日である必要があります（816条の9第2項）。この3か月以内という期間は、公開買付期間の延長に関する規律を踏まえたものです（一問一答213頁）。

また、効力発生日を変更した場合、変更前の効力発生日の前日までに変更後の効力発生日を公告しなければなりません（816条の9第3項）。

なお、株式交付の効力発生日を変更する場合、同時に譲渡しの申込期日を変更することも可能です（816条の9第5項）。

8　効力発生の条件

株式交付は、株式交付子会社を子会社にするための手続であり、株式交付計画で定めた譲渡しの申込みの期日において、譲渡しの申込みがあった株式交付子会社の株式の数が株式交付計画で定めた譲り受ける株式の数の下限に満たない場合は、譲渡人から譲り受ける株式交付子会社の株式の割当てや株式交付子会社の株式の給付は行われないこととなります（774条の10）。

また、申込期日までにされた譲渡しの申込みの総数が株式交付で定めた下限を超えたとしても、株式交付計画で定めた効力発生日において、給付を受けた株式交付子会社の株式の数が株式交付計画で定めた下限に満たない場合には、株式交付子会社の株式の譲渡人は、株式交付親会社の株主にはならず（774条の11第5項3号）、株式交付親会社は、株式交付子会社の譲渡人から給付を受けた株式を返還しなければなりません（774条の11第６項）。

その他、株式交付の効力の発生の条件については、**Q36** をご参照ください。（櫻庭　広樹）

34 株式交付親会社の手続は、どのようなものですか？

Check 774条の2ないし7、816条の2ないし6、816条の8、816条の10、828条1項13号・2項13号（新設）、改正振替法155条（修正）、160条の2（新設）、161条（修正）、施行規則179条の3、213条の2、213条の5、213条の6、213条の9、213条の10（新設）

Point

① 株式交付親会社の手続は、基本的に株式交換と同様の規律が適用される

② 交付する対価の額が一定の水準を超えない場合、簡易手続で行える

③ 株式交付親会社の株主等の保護手続として、株式買取請求のほか、差止請求や無効の訴えがある

株式交付において株式交付親会社が行う具体的な手続は次のとおりです。

①株式交付計画の作成及び株主総会の特別決議による承認

②事前開示手続

③株式交付子会社の株主に対する株式交付計画の内容等の通知

④譲渡人及び譲り受ける株式交付子会社の株式の割当ての決定

⑤反対株主による株式買取請求のための通知

⑥（対価として株式又は株式に準ずるもの以外を交付する場合は）債権者異議手続

⑦事後開示手続

株主及び債権者等の保護に関する規律の詳細は、**Q37** をご参照ください。

解説　Explanation

1　株式交付計画の作成及び株主総会の特別決議による承認

株式会社は、株式交付を行う場合、株式交付計画を作成する必要があり(774条の2)、効力発生日の前日までに、株式交付計画について株主総会の特別決議による承認を得なければなりません(816条の3第1項)。

ただし、株式交付子会社の株式及び新株予約権等の譲渡人に対して交付する株式交付親会社の株式等の対価の合計額が、株式交付親会社の純資産額として法務省令で定める方法により算定される額の5分の1以下である場合には、いわゆる簡易手続として、株式交付親会社の株主総会の承認決議は不要です(816条の4第1項、施行規則213条の5)。

もっとも、この場合であっても、いわゆる差損が生じる場合(株式交付親会社が譲渡人に交付する金銭等の金額が、譲り受ける株式交付子会社の株式等の額として法務省令で定める方法により算定される金額を超える場合)、又は、株式交付親会社が公開会社でない場合は、株主総会による承認が必要となります(816条の4第1項ただし書)。また、法務省令で定める一定の株式数を有する株主から株式交付に反対する旨の通知があったときも同様です(816条の4第2項、施行規則213条の6)。

なお、株式交付に関する規律は第5編に規定されることから、株式交付計画に関する株主総会の承認決議は、特別決議となります(309条2項12号)。

また、株式交付は、株式交付親会社と株式交付子会社の株主との間の手続であり、株式交付子会社は株式交付の当事会社ではないことから、いわゆる略式手続に関する規律は設けられていません。

2　事前開示手続

株式交付手続において、株式交付親会社は、事前開示手続として、株式交付計画備置開始日から効力発生日後6か月を経過する日までの間、株式交付計画の内容その他法務省令で定める事項を記載又は記録した書類等を本店に備え置かなければなりません(816条の2第1項、施行規則213条の2)。

株式交付計画備置開始日とは、①株主総会の日の2週間前の日、②816

条の6第3項による株主に対する通知日若しくは公告日のいずれか早い日、又は③816条の8第2項による債権者に対する通知日若しくは公告日のいずれか早い日、のうちいずれか早い日をいいます（816条の2第2項）。

なお、事前開示の対象事項に株式交付子会社の計算書類等の内容を含める場合は、株式交付親会社がその内容を知っているときとされています（施行規則213条の2第4号）。

3　株式交付子会社の株主に対する株式交付計画の内容等の通知

株式交付親会社は、株式交付子会社の株式の譲渡しの申込みをしようとする者に対し、株式交付親会社の商号及び株式交付計画の内容その他法務省令で定める事項を通知する必要があります（774条の4第1項、施行規則179条の2第1項）。

通知の方法については規定されていませんが、通常は書面による通知になるものと思われます。また、株式交付に際して譲渡人に対する対価として交付する株式交付親会社の株式（774条の3第1項3号又は8号イ）が振替株式である場合には、この通知において、振替法の適用がある旨を示す必要があります（改正振替法160条の2第1項）。

もっとも、株式交付親会社が、金融商品取引法2条10項に規定する目論見書を株式の譲渡しの申込みをしようとする者に対して交付している場合その他法務省令で定める場合には、上記の通知を行う必要はありません（774条の4第4項）。この法務省令で定める場合は、203条4項・施行規則42条の場合と同様に、①会社が金融商品取引法の規定に基づく目論見書に記載すべき事項を電磁的方法により提供している場合、②会社が外国の法令に基づき目論見書その他これに相当する書面その他の資料を提供している場合とされています（施行規則179条の3）。

株式交付親会社は、事前に株式交付に応じる意思があることを把握している株主だけでは株式交付計画に定める下限に満たない可能性がある場合、その他の株主に対しても譲渡しの申込みの勧誘を行う必要がありますが、株式交付親会社としては株主の連絡先を把握している必要があり、これを把握していないときは、株式交付子会社の協力を得る必要があると思われます。株式交付子会社が正当な理由なく株主の個人情報を開示することは難しいものと思われるところ、株式交付親会社が株主又は債権者の立場において株式交付子会社の株主名簿を閲覧できない場合には、株式交付親会社としては、株式交付子会社に株式交付親会社を代理して通知してもらうか、又は、目論見書の交付又はこれに準ずる方法によるものと思われます。

なお、パブリックコメントでは、株式交付子会社の株主全員に対して譲渡しの申込みの勧誘をすること又は一定事項を通知するべきとの意見も述べられておりましたが（神田Ⅶ16頁）、774条の4第1項の通知の対象者は、「株式交付子会社の株式の譲渡しの申込みをしようとする者」とされており、株式交付子会社の株主全員に対し通知する必要はありません。

もっとも、株式交付子会社の株式の譲渡が公開買付規制（金融商品取引法27条の2以下）の対象となる場合は、全部勧誘義務及び全部買付義務が生じえます。

譲渡しの申込みをした者に対する通知又は催告については、申込者が通知した住所又は連絡先に対して発すれば足り、その通知又は催告は通常到達すべきであった時に到達したものとみなされます（774条の4第6項・7項）。

4　株式交付子会社の株式の譲渡しの申込み

株式交付子会社の株式の譲渡しの申込みをする者は、株式交付計画で定められた申込の期日までに、自己の氏名又は名称及び住所、譲り渡そうとする株式交付子会社の株式の数（種類株式の場合は、種類及び種類ごとの数）を記載した書面を株式交付親会社に交付しなければなりません（774条の4第2項）。

また、譲渡人に対価として交付される株式交付親会社の株式（774条の3第1項3号又は8号イ）が振替株式である場合には、株式交付子会社株式の譲渡しの申込みをする者は、この通知において、振替を行うための自己の口座を示す必要があります（改正振替法160条の2第2項）。

5　譲渡人及び譲り受ける株式交付子会社の株式の割当ての決定

株式交付親会社は、申込者の中から株式を譲り受ける者を定め、その者に割り当てる譲り受ける株式交付子会社の株式の数を定め、効力発生日の前日までにこれを通知します（774条の５）。

これにより、申込者は通知を受けた株式数について譲渡人となり、効力発生日に、株式交付親会社に対し、当該株式数の株式交付子会社の株式を給付します（774条の７）。

6　総数譲渡契約の締結の場合

774条の４及び774条の５の規定（前記**3**ないし**5**）は、株式交付子会社の株式を譲り渡そうとする者が、株式交付親会社が株式交付に際して譲り受ける株式交付子会社の株式の総数の譲渡しを行う契約を締結する場合には、適用されません（774条の６）。

また、譲渡人に対価として交付される株式交付親会社の株式（774条の３第１項３号又は８号イ）が振替株式である場合には、株式交付子会社株式の譲渡しの申込みをする者は、この契約において、振替を行うための自己の口座を示す必要があります（改正振替法160条の２第２項）。

7　反対株主による株式買取請求のための通知

株式交付親会社の反対株主は、株式交付親会社に対し、自己の有する株式を公正な価格で買い取ることを請求できます（816条の６）。この前提として、株式交付親会社は、効力発生日の20日前までに、その株主に対し、株式交付をする旨並びに株式交付子会社の商号及び住所を通知しなければなりませんが（816条の６第３項）、この通知は、株主総会招集通知に必要事項を記載して効力発生日の20日前までに通知することにより株主総会招集通知と兼ねることができると考えられます。

また、この通知は、公開会社である場合又は株式交付計画について株主総会の承認を得ている場合には、公告をもって代えることができます（816条の６第４項）。

なお、株式交付親会社が振替株式の発行者である場合には、この通知に代えて公告をしなければならず（改正振替法161条２項）、併せて、買取口座を公告しなければなりません（改正振替法155条２項）。

8　債権者異議手続

株式交付に際して、株式交付親会社の株式又はこの株式に準ずるものとして法務省令で定めるもの以外の金銭等が譲渡人に交付される場合、債権者は異議を述べることができますが（816条の8第1項）、この場合、株式交付親会社は、一定の事項を公告し、かつ、知れている債権者に対して、格別に催告しなければなりません（816条の8第2項）。この公告期間は、1か月を下回ることはできません（同項ただし書）。

これは、株式交付の対価として株式交付親会社の株式以外の財産を株式交付子会社の株主、新株予約権者又は新株予約権付社債の社債権者に交付する場合には、株式交付親会社において、財産の流出が生じ、その債権者が害されるおそれがあるからです（中間試案補足説明62頁）。

9　事後開示手続

株式交付親会社は、効力発生日後遅滞なく、株式交付に際して譲り受けた株式交付子会社の株式の数その他株式交付に関する事項を記載した書面又は電磁的記録を作成し、効力発生日から6か月間、本店に備え置かなければなりません（816条の10第1項・2項、施行規則213条の9）。

株式交付親会社の株主（株式交付の際に交付される対価が株式交付親会社の株式及びこれに準ずるものとして法務省令で定めるもののみである場合以外の場合には株主及び債権者）は、株式交付親会社の営業時間内は、上記の書面の閲覧や謄本等の請求をすることができます（816条の10第3項、施行規則213条の10）

なお、株式交換における株式交換完全子会社とは異なり、株式交付における株式交付子会社は、株式交付に関する各手続の実施主体とはならないため、株式交付親会社における事前開示事項を記載した書面等の作成については、株式交付親会社が単独で作成するものとされています（中間試案補足説明62～63頁）。

10　株式交付親会社の株主等の保護手続

前記のとおり、株式交付親会社の反対株主は、株式買取請求ができるほか、株式交付親会社の株主は、株式交付が法令又は定款に違反する場合において不利益を受けるおそれがあるときは、株式交付親会社に対し株式交付をやめることを請求することができます（差止請求、816条の5）。また、株式交付親会社の株主等は、株式交付の効力が生じた日から6か月以内に限り、株式交付の無効の訴えを提起することができます（828条）。

（櫻庭　広樹）

35 株式交付子会社の株式の譲渡は、どのようにしてされますか？

Check 774条の3ないし8、10、11、改正振替法160条の2、施行規則179条の2、179条の3（新設）

Point

① 株式交付親会社と株式交付子会社の株主との間の個別的な合意に基づき、株式は譲渡される
② 株式交付子会社の株式の「給付」には対抗要件を具備するための行為も含まれる
③ 譲渡しの申込数又は株式の給付数が計画で定めた下限を下回る場合、株式交付の効力は発生しない

株式交付子会社の株式の譲渡の具体的な手続は、次のとおりです。

株式交付親会社は、株式交付子会社の株式を譲渡しようとする者に対し、株式交付の内容等を通知します。

株式交付子会社の株式の譲渡しを申し込む者は、株式交付親会社に対し、譲り渡そうとする株式の数等を記載した書面を交付します。

株式交付親会社は、申込者の中から、譲渡人となる者とその者の株式の譲渡数を決定し、これを申込者に通知します。この場合、譲渡される株式交付子会社の株式の総数は、効力発生日において株式交付子会社を株式交付親会社の子会社としうる数以上のものでなければなりません。

株式交付で定めた効力発生日に、申込者は、通知を受けた数の株式を株式交付親会社に給付し、株式交付親会社は、給付を受けた株式交付子会社の株式を譲り受けます。

解説 Explanation

1 株式交付の手続の概要

(1) 株式の譲渡しの申込みの勧誘と申込み

株式交付親会社は、株式交付を行う場合、株式交付計画を作成し（774条の3）、株式交付子会社の株式を譲り渡そうとする者に対して、株式交付親会社の商号、株式交付計画の内容その他法務省令で定める事項を通知します（774条の4第1項、施行規則179条の2）。また、株式交付に際して、株式交付子会社の株主に対して対価として交付する株式交付親会社の株式が振替株式である場合には、この通知において振替法の適用がある旨を示さなければなりません（改正振替法160条の2第1項）。

ただし、株式交付親会社が、上記事項を掲載した目論見書を譲り渡そうとする者に対して交付している場合その他譲渡しの申込みをしようとしている者の保護に欠けるおそれがないものとして法務省令で定める場合には、774条の4第1項の規定は適用されません（774条の4第4項、施行規則179条の3）。

なお、審議段階では、株式交付子会社の株式の譲渡しの申込みをしようとする者の保護として、申込みの判断に必要となる情報として対価の相当性に関する事項を通知するべきとの意見もありましたが、株式の譲渡しの当事者である株式交付親会社が、その相手方となろうとする者に対し、その者の保護の観点から、自らが交付する対価の相当性に関する事項を通知することにそもそも疑問があり得るとして、そのような規定は設けられませんでした（神田Ⅷ17頁）。

株式交付子会社の株式の譲渡しの申込みをする者は、株式交付計画において定められた申込期日までに、自己の氏名又は名称及び住所、譲り渡そうとする株式の数を記載した書面を交付することにより申し込むことになります（774条の4第2項）。また、譲渡しの対価である株式交付親会社の株式が振替株式の場合、株式交付子会社の株式の譲渡しの申込みをする者は、当該振替株式の振替を行うための自己の口座をこの書面に記載する必要があります（改正振替法160条の2第2項）。なお、株式交付親会社が、承諾したときは、上記の事項を電磁的方法により提供することができ、この場合、774条の２第２項の書面を交付したものとみなされます（774条の4第3項）。

（2） 申込者に対する割当事項の通知

株式交付親会社は、申込者の中から、株式交付子会社の株式を譲り渡す者を定め、また、その者が譲り渡すべき当該株式の数を定めた上で、効力発生日の前日までに、申込者から譲り受ける株式交付子会社の株式の数を通知します（774条の５第２項）。

譲り渡す者を定める場合の株式交付親会社の株式の割当ての事項は、株式交付子会社の株式の数に応じて株式交付親会社の株式を交付することを内容とするものでなければなりません（774条の３第４項）。

譲り渡される株式の総数は、株式交付が株式交付子会社を子会社化するための手続であることから、株式交付親会社が株式交付子会社の親会社になるに足りるだけの数である必要があります（774条の５第１項２文・774条の３第２項）。

株式交付親会社は、株式交付子会社の株式の譲渡人に対し、株式交付親会社の株式に加えて、金銭等を交付することも可能です（774条の３第１項５号）。

なお、譲渡しの申込みに対する通知と申込者からの申込みに関する規定（774条の４）及びその後の譲り受ける株式の割当に関する規定（774条の５）は、株式総数譲渡契約を締結する場合には、適用されません（774条の6）。

（3） 株式交付子会社の株式の給付及び株式の譲渡し

774条の５第２項による通知を受けた株式交付子会社の株主である申込者は、効力発生日に、株式交付子会社の株式を給付しなければなりません（774条の７第２項）。なお、株式交付子会社が株券発行会社である場合には、株式の譲渡は、株券の交付によって効力を生じることから（128条１項本文）、株券とともに給付しなければならないものと考えられます（一問一答217頁）。また、この「給付」には、権利の移転を第三者に対抗するために必要となる行為も含まれるとされています（一問一答216頁）。

株式交付子会社の株主は、株式交付子会社の株式の給付により、必ず株式交付親会社の株主となるものではなく、株式交付子会社の株式の譲受け及び株式交付親会社の株式の交付は、効力発生日において一定の条件を満たす場合にその効力を生じるものとされています。

すなわち、株式交付親会社は、効力発生日において、株式交付子会社の株主から給付を受けた株式交付子会社の株式を譲り受けることになり（774条の11第１項）、給付した株式の譲渡人は、株式交付計画の定めに従い、効力発生日において、株式交付親会社の株主になります（774条の11第２項）。

ただし、効力発生日において株式交付子会社の株式の譲渡しの申込数又は給付数が株式交付計画で定めた譲り受ける株式の総数の下限に満たない場合には、株式交付の効力は発生しません（774条の10・774条の11第５項３号）。この場合、株式交付親会社は、申込者に対し、遅滞なく、株式交付をしない旨を通知しなければならず、また、給付を受けた株式等があるときは、譲渡人に返還しなければなりません（774条の10・774条の11第６項）。

なお、株式交付親会社が株式交付に際して振替株式を移転しようとする場合、株式交付親会社は、当該株式交付がその効力を生ずる日以後遅滞なく、当該振替株式について振替の申請をしなければなりません（改正振替法160条の２第４項）。

2　株式交付は、株式交付親会社と譲受人の個別の合意に基づく譲渡であること

株式交付においては、株式交付親会社と株式交付子会社の契約関係があることは要せず、株式交付親会社と譲受人との間の個別の合意に基づく譲渡であるとされており（中間試案補足説明60頁）、これを前提に、現物出資の場合の検査役による調査や財産価額填補責任の規制等は適用されていません。

また、現行法上、株主の意思に基づく株式の譲渡については、株式の譲渡制限を除き、対価の相当性を担保するための手続や譲渡人以外の株主の保護のための手続に関する規律が設けられていないこと等を踏まえ、株式交付制度においても株式交付子会社における株主総会承認決議などの規律は設けられておりません（一問一答211頁）。

株式交付に基づく譲渡は、株式交付親会社と株式交付子会社の株主との

個別の合意に基づく譲渡ですが、法律関係の安定を図ることを目的として、民法93条1項ただし書及び民法94条1項の規定は、株式交付子会社の株式の譲渡しの申込み（774条の4第2項の申込み）、譲渡人に対する譲渡株式数の割当て（774条の5第1項の規定による割当て）及び株式総数譲渡契約（774条の6の契約）に係る意思表示については適用されず（774条の8第1項）、株式交付子会社の株式の譲渡人は、774条の11第2項の規定により株式交付親会社の株式の株主となった日から1年を経過した後又はその株式について権利を行使した後は、錯誤、詐欺又は強迫を理由として株式交付子会社の株式の譲渡しの取消しをすることができません（774条の8第2項）。なお、株式交付に基づく株式交付子会社の株式の個別の譲受けが取消等され、その結果として、株式交付親会社が譲り受けた株式交付子会社の株式の数の総数が株式交付計画で定めた下限数を下回ったことになった場合には、全体として株式交付は無効になる可能性があります（一問一答215頁）。

また譲渡制限付株式である場合には、別途、株式交付子会社の承認が必要となります。

（櫻庭　広樹）

36 株式交付の効力の発生については、どのような規律が置かれますか？

Check　239条12項9号、774条の11、816条の6、816条の9、828条（新設）、839条、施行規則213条の4、213条の7

Point
① 株式交付親会社は、株式交付子会社の株式・新株予約権等を譲り受ける
② 株式交付子会社の株式譲渡人は、株式交付親会社の株主となる
③ 株式交付の効力発生後に株式交付の効力が無効とされるのは、訴えによってのみである

株式交付は、「組織再編行為と取引行為、2つの性質をあわせ含むもの」と整理され（小出民事局長：衆議院会議録9号12頁参照）、株式交換に準ずる組織変更として制度設計をされています。株式交換においては、効力発生日に、以下の効果が生じます。

① 株式交付親会社は、株式交付子会社の株式および新株予約権等を譲り受けます（774条の11第1項）。

② 株式交付子会社の株式譲渡人は、株式交付計画に定められた対価の割当てに関する事項についての定め（774条の3第1項4号）に従い、株式交付親会社の株主となります（774条の11第2項）。

③ 株式交付子会社の株式譲渡人は、株式交付計画に株式交付子会社の株式の対価として株式交付親会社の社債等を交付することについての定め（774条の3第1項5号イ～ハ）がある場合には、当該株式交付計画に定められた当該対価の割当てに関する定め（774条の3第1項6号）に

したがい、それぞれ当該社債の社債権者等となります（774条の11第3項）。

④ 株式交付子会社の新株予約権等を株式交付親会社に給付した譲渡人は、株式交付計画に当該新株予約権の対価に関する定め（774条の3第1項8号イ～ニ）がある場合には、その定めにしたがい（774条の3第1項9号）、株式交付親会社の株主や当該社債の社債権者等となります（774条の11第4項）。

株式交付の効力発生後、その効力の無効は、株式交付の無効の訴え（828条1項13号）という形成の訴えでのみ、主張することができます。

解説 Explanation

1 株式総会の承認決議

株式交付の効力が発生するためには、株主総会における株式交付計画の承認決議を得ることが必要です（816条の3第1項）。種類株式発行会社においては、種類株主総会の承認決議が必要です（816条の3第3項）。このように、株式交換と同様に、株主総会の特別決議による株式交付計画の承認が必要とされたのは、「株式交付は、いわば部分的な株式交換として、親子会社関係がなかった株式交付親株式会社と株式交付子会社との間に親子会社関係が創設される組織法上の行為と位置付けられること」から、株式交付については、その性質上、株式交換に関する規律とは異なる規律とすることが適当であると考えられるものを除き、基本的に株式交換に関する規律と同様の規律を設けることが考えられる」とされたためです（部会資料12・6頁）。また、株式交付親会社が、株式交付子会社の株式・新株予約権等の譲渡人に対して交付する金銭等の帳簿価額が、株式交付子会社が譲り受ける株式・新株予約権等の額として法務省令（施行規則213条の4各号）に定める価額を超える場合には795条2項に準じ、株式交付により差損が生じる場合といえ、取締役は、816条の3第1項の株主総会において説明をしなければならないものとされています（816条の3第2項）。ただし、株式交付親会社が株式交付子会社の株主に対して交付する株式等の価値が、株式交付親会社の資産の５分の１（これを下回る割合を定款で定めた場合はその割合）を超えない場合には、株主総会の特別決議は不要とされます（816条の４）。

2　株式交付の効力発生日

株式交付の効力発生日は、株式交付計画に記載されます（774条の３第１項11号）。なお、この効力発生日は、株式交付計画において定めた当初の効力発生日」から３か月以内の日に変更することができます（816条の９第１項・第２項）。ここで、３か月以内とされている理由は、株式交付の効力の発生日をあまり遠くに設定することを認めることで、法律関係が不安定になるためです。

株式交付の効力発生日を変更した場合には、株式交付親会社は、効力発生日の変更について、株式交付親会社の株式の譲受の申込者に対して、通知し（774条の４第５項）、変更後の効力発生日を公告することによって周知するものとされています（816条の９第３項）。

3　株式交付の効力が発生しない場合

株式会社が、株式交付による他の会社の子会社化を企図し、株式交付計画を策定したとしても（774条の３）、以下の場合には、株式交付の効力は発生しません。株式交付の効力が発生しない場合には、親会社は、株式等の交付を受けた子会社の株主に対して、給付を受けた株式を、遅滞なく返還しなければなりません（774条の11第６項）。

（1）　株式交付子会社の株主による給付株式数が下限に満たない場合（774条の11第５項３号）

株式交付計画には、株式交付親会社が株式交付に際して譲り受ける株式交付子会社の株式数の下限が定められますが（774条の３第１項２号）効力発生日において株式交付親会社が給付を受けた株式交付子会社の株式の総数が、株式交付計画に定める下限に満たない場合には、株式交付の効力自体が発生しません。同様に株式交付計画に定められる株式交付子会社の株主による株式譲渡しの申込期日において、申込みのあった株式交付子会社の株式総数が上記下限に満たない場合には、株式の割当ておよび譲渡しの規定は適用されず（774条の5・774条の7）親会社は、子会社に対して、株式交付をしない旨の通知をすることになります（774条の10)。

(2) 債権者異議の手続が終了していない場合

株式交付に際して、株式交付子会社の株式・新株予約権等の譲渡人に対して交付する金銭等（株式交付親会社の株式を除く）が株式交付親会社の株式に準ずるものとして法務省令（施行規則213条の7）で定めるもののみである場合を除いて、株式交付親会社の債権者は、株式交付親会社に対して、当該株式交付について異議を述べることができるとされていますが（816条の8第1項)、効力発生日において、債権者異議の手続が終了していない場合には、株式交付の効力は発生しません。

(3) 株式交付親会社の株式の株主となる者の不存在

株式交付の効力発生日において、株式交付子会社の株式を株式交付親会社へ給付し、その対価として、株式交付親会社の株式の交付を受ける者が存在しない場合には、株式交付の効力は発生しません（774条の11第5項4号)。

(4) 株式交付計画が株式交付親会社の株主総会において承認されなかった場合

上記**1**で述べたように、株式交付計画を実現するためには、株式交付親会社の株主総会決議により承認されなければなりません。したがって、総会決議において承認がなかった場合には、効力は発生しません。

(5) 株式交付をやめることの請求が認められた場合

株式交付が法令または定款に違反しており、株式交付親会社の株主が不利益を受けるおそれがあるときには、株式交付親会社の株主は、親会社に対して、株式交付をやめることを請求することができます（816条の5本文)。請求が認められ、株式交付が中止された場合には、株式交付の効力は発生しません。

(6) 株式交付が中止された場合

株式交付が中止されたときには、株式交付計画そのものが実現しませんので、株式交付の効力は発生しません（774条の11第5項2号)。

4　株式交付の効力

（1）　株式交付親会社について

株式交付親会社は、効力発生日に、株式交付子会社の株式譲渡人より給付を受けた株式、および新株予約権等を譲り受けます（774条の11第1項）。

（2）　株式交付子会社の株式譲渡人について

株式交付子会社の株式譲渡人は、株式交付計画に定められた対価の割当てに関する事項についての定めに従い（774条の3第1項4号）、株式交付親会社の株式の株主となります（774条の11第2項）。なお、株式交付計画に定められた対価の割当てにより、株式交付子会社の株式譲渡人のうち、交付しなければならない株式交付親会社の株式の数に1株に満たない端数が生じるときは、234条の規定により、端数処理を行うことになります（234条1項9号）。

株式交付計画において、株式交付子会社の株式譲渡人への対価として、株式交付親会社の社債、株式交付親会社の新株予約権、または株式交付親会社の新株予約権付社債を交付することを定めることができます（774条の3第1項5号イ～ハ）。かかる場合には、株式交付計画に規定された当該対価の割合に関する事項についての定め（774条の3第1項6号）に従い、株式交付親会社の社債の社債権者（774条の11第3項1号）、株式交付親会社の新株予約権の新株予約権者（774条の11第3項2号）、または株式交付親会社の新株予約権付き社債についての社債の社債権者および当該新株予約権付き社債に付された新株予約権の新株予約権者（774条の11第3項3号）となります。

（3）　株式交付子会社の新株予約権等譲渡人について

株式交付計画において、株式交付子会社の新株予約権の譲渡人への対価として、株式交付親会社の株式、株式交付親会社の社債、株式交付親会社の新株予約権、または株式交付親会社の新株予約権付社債を交付することを定めることができます（774条の3第1項8号イ～ニ）。かかる場合、上記（2）に記載した株式譲渡人への効果と同様、株式交付計画に規定された当該対価の割合に関する事項についての定め（774条の3第1項9号）に従い、株式交付親会社の株式の株主（774条の11第4項1号）、株式交付親会社の社債の社債権者（774条の11第４項２号）、株式交付親会社の新株予約権の新株予約権者（774条の11第４項３号）、または株式交付親会社の新株予約権付き社債についての社債の社債権者および当該新株予約権付き社債に付された新株予約権の新株予約権者（774条の11第４項４号）となります。

5　株式交付無効の訴え

株式交付親会社の株主等は、株式交付の効力が生じた日から６か月以内に限り、株式交付の訴えを提起することができます（828条１項13号）。株式交付の無効の訴えは、「会社の組織に関する行為の無効の訴えの一種であり、株式交付無効の訴えを認容する判決が確定したとき、その確定判決の効力は、将来効のみを有します（839条）。

他方、株式交付子会社の株式の譲渡し（774条の４第２項）の申込み、株式交付親会社が譲り受ける株式交付子会社の株式割当て（774条の５第１項）、ないし総数譲渡契約（774条の６）に関し、心裡留保や通謀虚偽表示を理由とした無効主張ができません（774条の８第１項）。また、株式交付の効力発生日から１年経過後、ないしその株式についての権利行使をした後は、錯誤、詐欺、または強迫を理由とした株式交付子会社の株式等の譲渡しの取消しをすることもできません（774条の８第２項）。そのため、これらの無効または取消しの制限以外の事由を理由とした株式交付における株式交付子会社の株式の個別の譲受けが無効または取り消しとなることが考えられます。当該個別の譲受けが無効等になった結果、株式交付親会社が譲り受けた株式交付子会社の株式の数の総数が、株式交付計画において定めた下限（774条の３第１項２号）の数に満たない状況となったときには、株式交付全体が無効と評価されると考えられています（一問一答215頁）。

（岩田　真由美・横山　宗祐）

37 株式交付親会社の株主・債権者保護のために、どのような制度が置かれますか？

Check 816条の2ないし816条の8、816条の10、828条1項13号、2項13号、施行規則213条の2、213条の7、213条の9、213条の10（新設）

Point

① 株式交付親会社の株主保護のため、株式交付計画には株主総会の承認決議が求められ、また、反対株主の株式買取請求権、株式交付無効の訴えが認められている
② 株式交付親会社の債権者は、一定の場合に異議を述べることができる
③ 各保護の前提として、株式交付計画に関する書面等の事前・事後の開示手続が定められている

株式交付は、株式交付子会社の株主等に株式交付親会社の株式等を交付して株式交付子会社を子会社化する制度です。そのため、部分的な株式交換とも評価できることから、株式交換と同様の株主・債権者保護の手続がとられています。

すなわち、株式交付親会社が株式交付を行うためには、株式交付計画を策定し、株主総会の特別決議を経る必要があります（816条の3）。そして、株式交付の効力発生後の株主保護の制度として株式交付無効の訴え（828条1項13号）があります。また、株式交付に反対する株主には、株式買取請求権が認められています（816条の6）。そして、一定の場合には、株式交付親会社の債権者は、株式交付に異議を述べることができます（816条の8）。

これらの株主・債権者保護の制度を実効的にするため、株式交付計画に関する書面等の事前・事後の開示手続が定められています（816条の2・816

条の10)。

解説　Explanation

1　株式交付親会社の株主・債権者の保護の必要性

株式交付は、「親子会社関係がなかった株式交付親会社と株式交付子会社との間に当該親子会社関係が創設されることにおいて、いわば部分的な株式交換として、株式交換のような組織法上の行為と同様の性質を有する」ものであると考えられることから、「株式交付親会社の株主及び債権者の保護については、株式交換と同様の規律」が設けられています(中間試案補足説明56頁〜)。

具体的にどのような規律により、株式交付親会社の株主・債権者の保護を図っているかについて、以下、解説していきます。

2　株式交付親会社の株主保護のための制度

(1)　株式交付計画の承認決議

株式交付親会社は、簡易手続による場合を除いて効力発生日の前日までに、株主総会の特別決議によって、株主交付計画が可決されなければなりません(816条の3)。

(2)　反対株主の株式買取請求権

株式交付計画が株主総会で承認された場合、当該計画に賛成した、多数株主の意思は尊重されますが、株式交付に反対する株主の意思は反映されません。そこで、株式交付計画に反対する株主に株式買取請求権を認めることで、当該株主の保護を図ることとしました。すなわち、簡易な手続による場合(816条の4)を除いて、反対株主は、「自己の有する株式を公正な価格で買い取ることを請求することができる。」ものとされています(816条の6)。買取価格 については、原則として協議 によって定めることになります(816条の7第1項)。株式交付親会社または株主は、買取株式の価格の決定について、効力発生日から30日以内に協議が調わないときは、その期間満了の日後30日以内に、裁判所に価格の決定の申立てをすることができます（816条の７第２項）。

(3) 株式交付をやめることの請求

株式交付が法令または定款に違反する場合において、株式交付親会社の株主が不利益を受けるおそれがあるときは、株式交付親会社の株主は、株式交付親会社に対し、株式交付をやめることを請求することができます（816条の５本文）。

3 株式交付親会社の債権者保護のための制度

株式交付親会社の債権者は、株式交付親会社に対し、株式交付についての異議を述べる制度がもうけられました（816条の８）。ただし、株式交付子会社の株式、新株予約権（新株予約権付社債に付されたものを除く）及び新株予約権付社債の譲渡人に対して交付する金銭等の合計額から当該交付する金銭等のうち株式交付親会社の株式の価格の合計額を差し引いた額が、当該交付する金銭等の合計額の20分の１より小さい場合（施行規則213条の７）には、株式交付親会社の債権者は株式交付親会社に対し異議を述べることができません。債権者が、異議を述べた場合には、株式交付親会社は、異議を述べた債権者に対し、弁済をするか、相当の担保を提供する等の方法で、債務を免れる方策を取らねばなりません（816条の８第５項）。

4 株式交付計画に関する書面等の備置義務と株主・債権者による書面等閲覧請求権

株式交付計画に関する書面等の事前開示、および事後開示については、株式交換完全親会社の規定に準じて定められています。株式交付親会社は、株式交付計画備置開始日から株式交付がその効力を生ずる日後、６か月を経過するまでの間、株式交付計画の内容、および株式交付計画に定められた対価の割当てに関する事項についての定めの相当性など（施行規則213条の２）を記載し、または記録した書面又は電磁的記録をその本店に備え置かなければなりません（816条の２第１項）。また、株式交付親会社は、効力発生日後遅滞なく、株式交付に際して株式交付親会社が譲り受けた株式交付子会社の株式数、新株予約権数、株式交付が効力を生じた日等を記載し、または記録した電磁的記録を作成し、これを効力発生日から6か月間、本店に据え置く必要があります（816条の10、施行規則213条の9・213条の10）。

5　株式交付の効力を争う制度

株式交付が法令または定款に違反する場合において、株式交付親会社の株主が不利益を受けるおそれがあるときは、株式交付親会社の株主は、株式交付親会社に対し、株式交付をやめるよう請求することができます（816条の5）。ただし、当該株式交付が簡易手続による場合には、この差止請求はできません（同条ただし書）。

また、株式交付親会社の株主等は、株式交付の効力が生じた日から6か月以内に限り、株式交付の無効の訴えを提起することができます（828条1項13号・2項13号）。この株式交付無効の訴えの手続については、**Q36**をご参照ください。

（岩田　真由美・横山　宗祐）

38 責任追及等の訴えに係る訴訟における和解について、どのような規律が新設されましたか？

Check　849条の2（新設）

Point	① 監査役・監査等委員・監査委員の同意を要することを明文化した ② 各監査等委員、各監査委員（監査役等が2名以上あるときは、各監査役）の同意が必要である ③ 和解手続を代表する権限は従来どおりとされている

改正法は、株式会社等が、取締役等の責任を追及する訴えに係る訴訟における和解について、規律を明確にするため、①監査役設置会社においては監査役（監査役が2人以上あるときは各監査役）、②監査等委員会設置会社においては各監査等委員、③指名委員会等設置会社においては各監査委員の同意を得なければならない、と規定しました（改正849条の2）。

解説　Explanation

1　責任追及等の訴えに係る訴訟における和解

株式会社等が、「当該株式会社等の取締役（監査等委員及び監査委員を除く。）、執行役及び清算人並びにこれらの者であった者の責任を追及する訴えに係る訴訟」において和解する場合について、監査役等の同意を要するか否かについて、明文の規定がありませんでした。

改正法は、この点を明確化するため、以下のとおり区分して規律を設けました。

2　監査役設置会社

改正法は、監査役設置会社において責任追及等の訴えに係る訴訟における和解をするためには、監査役（監査役が２人以上あるときは各監査役）の同意を要すると定めました（改正849条の２第１号）。これは、①849条３項１号（訴訟参加）、②425条３項１号（責任の一部免除）、及び、③426条２項１号（取締役等による免除に関する定款の定め）における規律とその平仄を合わせたものです（中間試案補足説明64頁）。

すなわち、①849条１項本文は「株主等又は株式会社等は、共同訴訟人として、又は当事者の一方を補助するため、責任追及等の訴え…に係る訴訟に参加することができる」と定め、同条３項１号は、「株式会社等、株式交換等完全親会社又は最終完全親会社等が、当該株式会社等、当該株式交換等完全親会社の株式交換等完全子会社又は当該最終完全親会社等の完全子会社等である株式会社の取締役（監査等委員及び監査委員を除く。）、執行役及び清算人並びにこれらの者であった者を補助するため、責任追及等の訴えに係る訴訟に参加する」ための要件として、監査役設置会社においては「監査役（監査役が2人以上ある場合にあっては、各監査役）」の同意を得なければならないと規定しています。その趣旨は、「業務執行者間の同僚意識から、不当な補助参加がされることを防ぐため」と説明されています（田中・会社法（第２版）345頁）。

そして、②425条３項は、当該役員等が職務を行うにつき善意でかつ重大な過失がないときに関する423条１項の責任の一部免除に関する議案の提出について、「監査役（監査役が２人以上ある場合にあっては、各監査役）」の同意を得なければならないと規定しています。そして、③426条２項は、取締役等による免除に関する定款の定めに関する議案の提出について、425条３項を準用しています。これらの趣旨は、「業務執行機関である取締役・執行役については、馴れ合いによる不当な責任免除の危険が大きいことから、特に厳格な規制を課したもの」と説明されています（田中・前掲335頁）。

これらの規律と平仄を合わせた改正法は、責任追及等の訴えに係る訴訟においても、業務執行者間の同僚意識から、不当な和解をする危険が大きいことから、特に厳格な規制を課したものと理解できます。

3　監査等委員会設置会社、指名委員会等設置会社

改正法は、責任追及等の訴えに係る訴訟における和解の要件について、①監査等委員会設置会社においては「各監査等委員」、②指名委員会等設置会社においては「各監査委員」の同意を要することを明文化しました（改正849条の2第2号・3号）。これも、上記**2**と同様に、①849条3項、②425条3項、③426条2項と平仄を合わせたものです。

監査等委員会設置会社は、平成26（2014）年会社法改正で創設された新しいタイプの株式会社です。これは、指名委員会等設置会社が少数にとどまっている理由が、社外取締役を過半数とする委員会に指名と報酬に関する権限を委ねることに経営陣の抵抗感が強いことにあるため、一定の監督権限（意見陳述権）を行使するタイプを設けたものです。

改正過程においては、「監査等委員会設置会社については監査等委員会の同意を、氏名委員会等設置会についても監査委員会の同意を、それぞれ得ることで足りる」という意見もありました。これによると、監査等委員や監査委員の一部が反対していても、委員会の多数に支持されていれば、責任追及等の訴えに係る訴訟において和解できることになります。しかし、この意見は、採用されませんでした。その理由は、「監査等委員会設置会社または指名委員会等設置会社…が取締役等を補助するためにその取締役等の責任を追及する訴えに係る訴訟に（補助参加人として）参加する場合（会社法849条3項）や、取締役（監査等委員または監査委員を除く。）及び執行役の責任の一部免除に関する議案を提出する場合（同法425条3項、426条2項）には…各監査等委員または監査委員の同意を得なければならないこととされていること」と平仄を合わせるためには、取締役等の責任を追及する訴えに係る訴訟において和解をする場合にも、これらと同様に、各監査等委員または各監査委員の同意を得なければならないものとすることが相当であると考えられるという点にあります（中間試案補足説明64頁）。

4　和解において会社を代表する者

監査役設置会社等が取締役等の責任を追及する訴えに係る訴訟における和解をする場合に会社を代表する者について、株式会社が原告として当該和解をする場合については監査役等が代表するとしつつも、利害関係人又は補助参加人として当該和解をする場合には代表取締役等とする意見が多く出されましたが、そのような改正はされませんでした。その理由は、①「現行法上も原告として和解をする場合については会社法386条１項１号、399条の７第１項、408条１項および491条の規定により監査役等が会社を代表するものと一般に解釈されていること」、②「利害関係人として和解をする場合については、原則として、代表取締役等は会社の業務に関する一切の裁判上または裁判外の行為をする権限を有することとされており、代表取締役等が会社を代表とする一般に解釈されていること（同法349条４項、420条３項、483条６項）」を踏まえると、監査役等の同意を必要とする規定を新たに設ければ、それ以上に上記意見の趣旨の改正をするまでの必要はないためです（中間試案補足説明64～65頁）。

（中込　一洋）

39 議決権行使書面の閲覧について、どのような規律が新設されましたか？

Check 310条7項・8項（新設）、311条4項・5項（新設）、312条5項・6項（新設）

Point
① 議決権行使書面等の閲覧謄写請求に際し、理由の開示が必要となった
② 議決権行使書面等の閲覧謄写請求につき、一定の拒絶事由が新設された
③ 電磁的方法により提供された事項の閲覧謄写請求についても、同様の規律が設けられた

議決権行使書面の閲覧謄写を請求する場合においては、当該請求の理由を明らかにしなければならない、との規定が追加されました（311条4項後段）。そして、株式会社は、上記の請求がなされたときは、次の拒絶事由のいずれかに該当する場合を除き、これを拒むことができない、との規定が追加されました（同条5項）。

① 当該請求を行う株主がその権利の確保または行使に関する調査以外の目的で請求を行ったとき（1号）
② 当該請求を行う株主が当該株式会社の業務の遂行を妨げ、または株主の共同の利益を害する目的で請求を行ったとき（2号）
③ 当該請求を行う株主が議決権行使書面の閲覧または謄写によって知り得た事実を利益を得て第三者に通報するため請求を行ったとき（3号）
④ 当該請求を行う株主が、過去2年以内において、議決権行使書面の閲覧または閲覧によって知り得た事実を利益を得て第三者に通報したことがあるものであるとき（4号）

また、電磁的方法により提供された議決権行使書面に記載すべき事項の閲覧または謄写（312条）、ならびに代理権を証明する書面および電磁的方法により提供された当該書面に記載すべき事項の閲覧または謄写（310条）においても、上記と同様の規定が追加されました。

解説 Explanation

1 議決権行使書面の閲覧謄写請求について

（1） 規定が設けられた経緯と理由

本改正前は、議決権行使書面の閲覧または謄写請求を行う際には、株主名簿の閲覧謄写請求と異なり、株主がその理由を明らかにする必要はなく、拒絶事由も明文で定められていませんでした（改正前311条４項・125条参照）。他方で、実務上、議決権行使書面には、株主の氏名および議決権数に加えて、住所が記載されていることが通常であることから、株主名簿の閲覧謄写請求が拒絶された場合において、株主の住所等の情報を得る目的で、議決権行使書面の閲覧謄写請求が利用されている可能性があるという指摘がなされています。部会においても、議決権行使書面の閲覧謄写による弊害が生じた具体例として、株式会社において長時間に及ぶ対応を要する閲覧謄写請求が頻繁にされ業務への多大な負担が生じた事例や、議決権行使書面の閲覧謄写によって取得した情報に基づき、過去に自らが提案した株主提案議案に賛成した他の株主を特定し、当該他の株主に株主提案の共同提案者となることや経済的な支援の依頼がされたことについて、当該他の株主から株式会社に対し抗議がされた事例が報告されています。

とはいえ、会社法上、株主の住所は議決権行使書面に記載すべき事項とはされていないこと（施行規則66条１項参照）、実務上も、議決権行使書面に株主の住所を記載しないという対応がとられている例もあることを踏まえると、プライバシー保護の観点から会社法上の手当てをする必要性は高くないとも思われます。

しかしながら、議決権行使書面の閲覧謄写請求権の濫用的な行使により不当な弊害が生じているのであれば、閲覧謄写請求権の濫用的な行使は制限することが適切であるといえます（中間試案補足説明66頁）。そのため、本改正においては、株主が会社に対し議決権行使書面の閲覧謄写請求をする場合において、株主は当該請求の理由を明らかにしてしなければならないとされ（311条4項後段）、また、会社が当該請求を拒絶できる事由が明定されました（同条5項各号）。

（2） 理由の明示の内容

株主に当該請求の理由を明らかにさせる趣旨は、会社が拒絶事由の有無の判断を行うことを容易にすることにあるから、当該請求の理由としては、具体的な閲覧等の目的を掲げることを要すると考えられています。

（3） 拒絶事由の内容

次に、具体的な拒絶事由についてですが、本規定の趣旨は、議決権行使書面の閲覧謄写請求権の濫用的な行使に対し会社が対応できるようにすることにあり、これを過剰に制限することは妥当ではないといえます。そして、株主が少数株主権の行使のために必要な持株要件を満たすために他の株主を募る目的や、株主総会の議案について委任状の勧誘を行う目的で議決権行使書面を閲覧等することは、現行法上許容されていると解されています（部会資料21・8～9頁）。そこで、権利の濫用とまでは認められないこれらの目的での閲覧謄写請求を制限することがないよう、原則として会社はこれを拒絶できないが、請求者が「その権利の確保又は行使に関する調査以外の目的で請求を行ったとき」には、請求を拒むことができるとの規定が新設されました（311条5項柱書・1号）。この拒絶事由は、株主名簿の閲覧謄写請求における拒絶事由（125条3項1号）と同様です。

また、株主名簿の閲覧謄写請求についての拒絶事由を定めた会社法125条3項2号から4号までは、株式会社の業務の運営または株主共同の利益を害する目的や、閲覧謄写により知り得た事実をいわゆる名簿屋等に売却する目的などでの閲覧謄写請求権の行使は、権利の濫用として認められないとするものであり、その趣旨は議決権行使書面の閲覧謄写請求についても妥当すると考えられます。そこで、かかる目的による場合も、請求を拒むことができるとの規定が新設されました（311条5項2～4号）（中間試案補足説明68頁）。

2　電磁的方法により提供された議決権行使書面に記載すべき事項・閲覧謄写請求について

上記**1**の議決権行使書面の閲覧謄写請求の場合と同様に、電磁的方法により提供された議決権行使書面に記載すべき事項を法務省令で定める方法により表示したものの閲覧謄写請求についても、併せて同様の規定（理由の明示、拒絶事由）が設けられました（312条5項後段・6項）。なぜならば、電磁的方法により提供された議決権行使書面に記載すべき事項に係る記録にも、議決権行使書面と同様に株主の氏名や議決権数が含まれており、また、住所その他の株主の個人情報が含まれている限りでは、議決権行使書面と同様に閲覧謄写請求によってプライバシー侵害が生じる可能性があるからです。

3　代理権を証明する書面等の閲覧謄写請求について

代理権を証明する書面および電磁的方法により提供された当該書面に記載すべき事項に係る記録にも、併せて同様の規定（理由の明示、拒絶事由）が設けられました（310条7項後段・8項）。なぜならば、これらにも議決権行使書面と同様に株主の氏名や住所等の個人情報が記載されており、プライバシー保護の必要性の観点からは株主名簿と差異を設ける理由はないと考えられるからです（部会資料7・5頁）。

（横山　宗祐）

Q 40 株式の併合等について、事前の開示事項がどのように改正されましたか？

Check 施行規則33条の2（新設）、施行規則33条の9（新設）

Point
① 株式の併合・全部取得条項付株式の取得における事前開示事項が対象
② 端数処理方法に関する事項の開示の充実
③ 端数処理により交付する金銭に関する事項の開示の充実

全部取得条項付種類株式の取得または株式の併合を利用した金銭を対価とする少数株主の締め出し（キャッシュ・アウト）に際して行われる端数処理手続（235条・234条）に関し、事前開示手続（171条の2、182条の2）において備えておかなければならない書面または電磁的記録に、端数処理の方法に関する事項および当該処理により株主に交付することが見込まれる金銭の額などに関する事項を記載・記録しなければならないものとする、会社法施行規則の改正がなされました（施行規則33条の2・33条の9）。

解説 Explanation

1 株式の併合等における事前開示

株式の併合は、キャッシュ・アウトの手段として行われることがあり、この場合、多くの1株に満たない端数が生じます。このような多くの端数を処理するとなると、市場価格が下落したり、売却先を確保することが困難になるなどにより、端数について適切な対価が交付されない可能性があります。また、株式の併合の仕方次第では、株主がその有する株式の多くを失う可能性もあり、そのような場合には株主の権利に大きな影響を与える結果となります。そこで、端数となる株主の利益を保護する観点から、平成26年改正および改正省令により、端数処理などの情報を開示する事前開示手続（182条の２、施行規則33条の９）および事後開示手続（182条の６、施行規則33条の10）が設けられました（坂本三郎『一問一答　平成26年改正会社法（第２版）』〔商事法務・2015〕300頁、坂本三郎『別冊商事法務 no.393　立案担当者による平成26年改正会社法の解説』〔商事法務・2015〕194頁）。

また、同様に、全部取得条項付種類株式の取得の場合にも、平成26年改正および改正省令により、端数処理などの情報を開示する事前開示手続（171条の２、施行規則33条の２）および事後開示手続（173条の２、施行規則33条の３）が設けられました（前掲『一問一答　平成26年改正会社法（第２版）』293頁、前掲『別冊商事法務 no.393』192頁）。

2　株式の併合等の効力

株式の併合や全部取得条項付株式の取得（以下、「株式の併合等」という）によって生じる１株未満の端数の処理方法としては、端数の合計数に相当する数の株式の売却等によって得られた代金を、端数に応じて株主に交付することとされています（235条・234条）。

もっとも、株式の併合等の効力は、所定の取得日または効力発生日に生じるものの（173条・182条）、株式の併合等の効力発生後に、一に満たない端数の処理により株主に実際に交付される代金の額は、任意売却などの結果に依存しています。そのため、実際に任意売却などが行われるまでの事情変動などによる、任意売却などにより得られる代金額の低下や代金の不交付のリスクは、当該代金の交付を受けるべき株主が負うこととなります。そこで、確実かつ速やかな任意売却などの実施および株主への代金の交付を確保するための施策の導入について検討すべきでないかという指摘がなされていました（部会資料７・９頁、第５回部会会議議事録48頁・青野関係官発言）。

このような指摘を踏まえ、株式の併合などを利用したキャッシュ・アウトに際して行われる端数処理手続きに関して、更に情報開示を充実させる改正がなされました。

具体的には、一に満たない端数の処理の方法に関する事前開示事項の中に、以下の内容を追加する旨の改正がなされています（施行規則33条の9第1項ロ・同33条の2第2項4号イ参照）。

(ア) まず、端数処理の方法等に関し、次にあげる事項につき、事前開示を求める旨の改正がなされています。

① 競売または任意売却のいずれをする予定か、およびその理由（施行規則33条の9第1項ロ(1)(i)・同33条の2第4項イ(1))。

② 競売をする予定である場合には、競売の申立てをする時期の見込みに関する事項（当該見込みについての取締役・取締役会の判断およびその理由を含みます。以下の、ウ・エも同様です）（施行規則33条の9第1項ロ(1)(ii)・同33条の2第4項イ(2))。

③ 任意売却のうち、市場において行う取引による売却をする予定である場合には、売却の実施時期売却および売却によって得られた代金を株主に交付する時期の見込みに関する事項（施行規則33条の9第1項ロ(1)(iii)・同33条の2第4項イ(3))。

④ 任意売却のうち、市場において行う取引による売却以外をする予定である場合には、任意売却する株式を買い取る者の氏名または名称、当該買取人が任意売却の代金の支払いのための資金を確保する方法および当該方法の相当性、ならびに任意売却の実施時期および売却によって得られた代金を株主に交付する時期の見込みに関する事項（施行規則33条の9第1項ロ(1)(iv)・同33条の2第4項イ(4))。

(イ) また、当該処理により株主に交付するころが見込まれる金銭の額および当該額の相当性に関する事項についても、事前開示を求める旨の改正がなされています（施行規則33条の9第1項ロ(2)・同33条の2第4項ロ)。

（横山　宗祐）

Q 41 会社の登記について、どのような見直しがされましたか？

Check 911条3項12号、930条から932条の削除

Point
① 新株予約権の払込金額の登記は維持する
② 新株予約権の払込金額の算定方法を登記しなければならない場合を限定する
③ 会社の支店所在地における登記を廃止する

新株予約権に関する登記について、募集新株予約権について払込金額を登記するという現行法の規律を維持しつつ、払込金額を算定方法（238条1項3号）により定めた場合でも、算定方法を登記するのは登記申請時までに払込金額が確定しない場合に限定しました（911条2項12号へ）。

また、930条から932条までを削除し、会社の支店の所在地における登記を廃止しました。

解説 Explanation

1 新株予約権に関する登記の問題点

現行法では、新株予約権を発行した株式会社は、①新株予約権の数、②新株予約権の内容のうち一定の事項（新株予約権の目的である株式数、行使期間等）および行使条件、③払込金額またはその算定方法（いわゆる発行価額）等について新株予約権の登記をする必要があると定めていました（911条3項12号）。そのうち、③の算定方法の登記については、実務上、ブラック・ショールズ・モデル（株価が無作為に変動するという仮定の下で、株価変動プロセ

スを定式化し、一定の操作を経て確率微分方程式を導き、原資産価格、権利行使価格、残存期間、原資産、金利といった５つの変数を使ってオプション価額を算定する計算モデルのこと）に関する詳細かつ抽象的な数式等の登記を要するなど、煩雑で申請人の負担になっており、登記事項を一般的な公示にふさわしいものに限るべきだという指摘がなされてきました（中間試案補足説明70頁）。

2　911条３項12号の内容

改正911条３項12号は、登記事項として「ハ　第236条第３項各号に掲げる事項を定めたときは、その定め」を加えましたが、これは改正によって会社法236条３項が新設されたことによります。

あわせて同号は、「ヘ　第238条第１項第３号に掲げる事項を定めたときは、募集新株予約権（同項に規定する募集新株予約権をいう。以下へにおいて同じ。）の払込金額（同号に規定する払込金額をいう。以下へにおいて同じ。）（同号に掲げる事項として募集新株予約権の算定方法を定めた場合において、登記の申請の時までに募集新株予約権の払込金額が確定していないときは、当該算定方法）」という規定を置きました。

つまり、募集新株予約権の払込金額を定めたときは、払込金額を登記しなければならないという現行法の規律は維持されます。他方で、払込金額の算定方法を定めた場合において、当該算定方法を登記しなければならないのは、登記の申請の時までに募集新株予約権の払込金額が確定していない場合に限定され、登記申請時までに払込金額が確定していれば、払込金額を登記すれば足りることになります。

以上をまとめると、次の図のようになります。

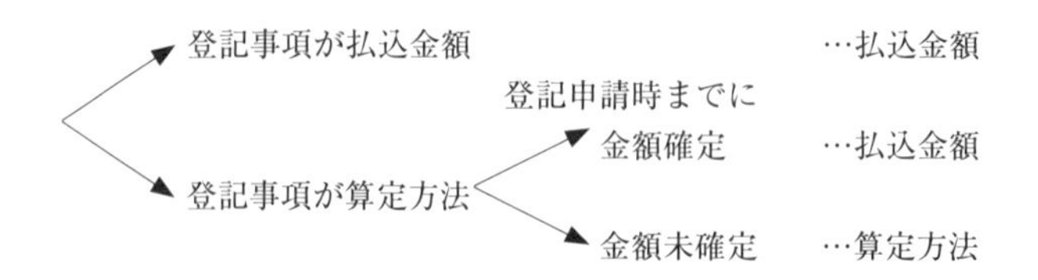

この点、新株予約権の払込金額の算定方法に関する詳細かつ抽象的な数

式等の登記を要求することが、申請人の負担になっていることは事実です。また、新株予約権の払込金額やその算定方法等（238条1項2号および3項、改正前911条3項12号ニ）は、登記事項として公示する必要性や意義に乏しいという意見もありました。そこで、中間試案のA案では、新株予約権の払込金額やその算定方法等は登記することを要しないという規律が提案されました。

しかし、新株予約権の払込金額やその算定方法は、有利発行該当性や不正発行該当性等の判断要素となるものであり、差止請求（247条）や取締役等に対する責任追及（285条・286条等）の資料となる可能性もあるため、やはり登記により公示される必要性は小さくないといえます（部会資料21・10頁）。

そこで、改正法は、中間試案のB案と同じく、募集新株予約権について238条1項3号に掲げる事項を定めたときは、同号の払込金額を登記しなければならないものとし、例外的に、同号に掲げる事項として払込金額の算定方法を定めた場合において、登記の申請の時までに募集新株予約権の払込金額が確定していないときは、当該算定方法を登記しなければならない、という規律を採用したのです（一問一答・243頁）。

3　会社の支店の所在地における登記の廃止

現行法では、会社は、本店の所在地において登記をするほか、支店の所在地においても、①商号、②本店の所在場所、③支店（その所在地を管轄する登記所の管轄区域内にあるものに限る。）の所在場所（930条2項各号）の登記をしなければならないとされています。これは、支店のみと取引する者が本店の所在場所を正確に把握していない場合があり得ることを前提として、支店の所在地を管轄する登記所において検索すればその本店を調査できるという仕組みを構築するものだとされています。

しかし、インターネットの普及した現在においては、会社の探索は一般的に容易となっており、登記情報提供サービスにおいて、会社法人番号（商業登記法7条）を利用して会社の本店を探索することもできるようになっています。実際にも、会社の支店の所在地における登記について登記事項証明書の交付請求がされる例はほとんどないと言われています（中間試案補足説明71頁）。

そこで、改正法は、登記申請義務を負う会社の負担を軽減する観点から、930条から932条を削除し、会社の支店の所在地における登記を廃止することにしました（一問一答・246頁）。

（稲村　晃伸）

42 取締役等の欠格事由について、どのような改正がされましたか？

Check　改正前331条1項2号の削除、331条の2（新設）

Point
① 欠格事由から成年被後見人・被保佐人であることが除外
② 成年被後見人等が取締役等に就任する場合の規律の新設
③ 行為能力の制限を理由とした行為の取消しを制限

取締役・監査役・執行役・清算人について、成年被後見人または被保佐人であることを欠格事由とする規定が削除されました。その上で、ⅰ）成年被後見人または被保佐人が取締役・監査役・執行役・清算人に就任する場合の規律と、ⅱ）成年被後見人または被保佐人がこれらの資格に基づいて行為した場合は、行為能力の制限を理由として当該行為を取り消すことができないとの規律が新たに設けられました。

解説　Explanation

1　背　景

成年被後見人または被保佐人であることを取締役等の欠格事由とする会社法上の規定は、昭和56（1981）年改正商法において設けられたものです。これが今回削除されるに至った経緯について簡単に触れておきます。

成年被後見人等については、会社法に限らず、多くの法律でこれらを欠格事由と定める欠格条項が存在していました。しかし、こうした欠格条項の存在は、いわゆるノーマライゼーションやソーシャルインクルージョン（社会的包摂）を基本理念とする成年後見制度等を利用することにより、逆に社会的排除という影響を被ることになるのではないかとの問題点などが指摘され、成年後見制度の利用の促進に関する法律に基づいて平成29年３月に閣議決定された「成年後見制度利用促進基本計画」では、欠格条項についてすみやかに必要な見直しを行うことが目指されました。そして、政府は、第196回国会に、188の法律（この中には、公認会計士法や税理士法も含まれています。）からこうした欠格条項を削除する一括整備法案を提出し、この法案は第198回国会で法律として成立しました（正式名称は、「成年被後見人等の権利の制限に係る措置の適正化等を図るための関係法律の整備に関する法律」）。

欠格条項の見直しに関する議論の中で示された意見では、法人役員等についても、国などの監督等が規定されている法人については一括整備法において欠格条項を削除すべき旨が示されていましたが、こうした監督等が規定されていない会社法については、当時開催されていた法制審部会において意見を聴取すべしとされました。これを受けて、法制審部会において、取締役等の欠格条項の削除とこれに伴う規律の整備について議論がなされ、当該改正項目は、中間試案には含まれなかったものの、最終的に今回の会社法改正に盛り込まれることとなりました。

以下では、この会社法の改正について解説します。

2　欠格条項の削除

取締役（設立時取締役を含む）・監査役（設立時監査役を含む）・執行役・清算人については、改正前の会社法では、成年被後見人または被保佐人であることが欠格事由とされていましたが（改正前331条１項２号・39条４項・335条１項・402条４項・478条８項）、こうした欠格事由を定める規定は削除されることとなりました。

なお、会社法上、ｉ）会計参与については、公認会計士・監査法人・税理士・税理士法人のいずれかであることが求められており（333条１項・39条４項）、ⅱ）会計監査人については、公認会計士または監査法人であることが求められています（337条１項・39条４項）。このうち、自然人である公認会計士・税理士については、それぞれ公認会計士法・税理士法によって成年被後見人または被保佐人であることが欠格事由とされていました（公認会計士法4条1号・税理士法4条2号)。しかし、公認会計士法・税理士法についても、先に成立した一括整備法によって、成年被後見人または被保佐人であることを欠格事由と定めている規定が削除されています。

3　成年被後見人が取締役等に就任する場合の規律

改正会社法は、成年被後見人が取締役・監査役・執行役・清算人に就任するには、次の①および②の手続をとる必用があるとしています(改正331条の2第1項・39条5項・335条1項・402条4項・478条8項)。

①その成年後見人が、成年被後見人に代わって就任の承諾をすること
②①の承諾には、成年被後見人の同意を得ておくこと

※②について、後見監督人がある場合は、成年被後見人の同意に加えて、後見監督人の同意も得ておくことを要します。

成年後見人については、民法がその有する代理権について規定を置いていますが(民859条)、改正法は、これとは別に、成年後見人による取締役等への就任承諾には、成年被後見人の同意を要する(上記②)としたものです。

成年被後見人がこの手続をとって取締役等に就任した場合は、就任の効力が確定的に生じ、後になって就任承諾を取り消すことはできなくなります。逆に、成年被後見人の同意がないなど、当該手続をとらなかったときは、取締役等への就任は当初から無効になると解されます。

このような規律を設ける狙いですが、こうした規律によって、ⅰ)成年被後見人が取締役等に就任することの可否について、成年後見人に判断させるとともに、ⅱ)成年被後見人による就任承諾がないときは就任の効力を生じさせないこととして、成年被後見人の保護を図ることも可能となることが指摘できます。また、ⅲ)成年後見人による就任承諾によって成年被後見人の取締役等への就任の有効性を確定することができれば、後述の**5**の規律とあいまって、取引の安全も相当程度確保することができると考えられます。

なお、成年被後見人が取締役等を辞任する場合については、特に規律は

設けられませんでした。したがって、辞任の場合には、民法の一般原則にしたがうこととなり、成年被後見人が辞任の意思表示をすることも可能です。ただ、成年被後見人による辞任の意思表示は、取り消すことが可能であることから（民9条本文）、辞任の効力を確定的に生じさせるためには、成年後見人が成年被後見人に代わって辞任の意思表示をすることが必要となるでしょう。

4　被保佐人が取締役等に就任する場合の規律

(1)　改正会社法は、被保佐人が取締役・監査役・執行役・清算人に就任するには、その保佐人の同意を得なければならないとしています（改正331条の2第2項、39条5項・335条1項・402条4項・478条8項）。

また、改正会社法は、家庭裁判所の審判によって保佐人が代理権を付与されており（民法876条の4第1項）、これに基づいて保佐人が被保佐人に代わって就任の承諾をする場合について、被保佐人の同意を得ておくことを求めています（改正331条の2第3項、39条5項・335条1項・402条4項・478条8項）。

(2)　保佐人については、民法がその同意権について規定を置いていますが（民13条）、改正法は、これとは別に、被保佐人による取締役等への就任承諾には、保佐人の同意を要するとしたものです。

被保佐人がこの手続をとって取締役等に就任した場合は、就任の効力が確定的に生じ、後になって就任承諾を取り消すことはできなくなります。逆に、保佐人の同意を得ていないなど、当該手続をとらなかったときは、取締役等への就任は当初から無効になると解されます。

また、保佐人については、家庭裁判所の審判によって代理権を付与されることがありますが（民876条の4第1項）、この代理権に基づいて保佐人が被保佐人に代わって就任の承諾をする場合については、同じく代理権を有する成年後見人が成年被後見人に代わって就任の承諾をする場合と同様の規律を設けることが妥当であると考えられます。そこで、改正法331条の2第3項は、成年後見人が成年被後見人に代わって就任の承諾をする場合の規律である同条1項を読み替えて適用することとしています。

以上のような規律を設けることの狙いについては、成年被後見人が取締役等に就任する場合の規律のそれと同じです（前記**3**参照）。また、被保佐人が取締役等を辞任する場合の規律が特に設けられておらず、民法の一般原則にしたがうこととなる点も、成年被後見人の辞任の場合と同じです。

5　成年被後見人・被保佐人がした取締役等の資格に基づく行為の効力

改正法は、取締役等に就任した成年被後見人または被保佐人が行った取締役等の資格に基づいた行為について、行為能力の制限を理由として取り消すことができないとしています（改正331条の2第4項・39条5項・335条1項・402条4項・478条8項）。本規律は、成年被後見人等による就任承諾の取消しを制限する規律とあいまって、取引の安全に資するものといえます。

改正法がこのような規律を設けた理由ですが、ⅰ）成年被後見人等が代表者または代理人として第三者との間で契約を締結した場合には、民法102条によって当該契約について取り消すことができないと解することができそうですが、対外的な業務執行以外の職務執行についても同様に解することができるかどうかは明らかではないことが挙げられます。このほか、ⅱ）取締役等の職務執行について行為能力の制限を理由として取り消すことができるとすると、取引の安全を害する懸念が生じますし、ⅲ）成年被後見人等が就任承諾を取り消さないで、個別の職務執行のみを取り消すことを認める必要性はそもそも乏しいと考えられること、などが挙げられます。

「取締役の資格に基づく行為」（改正331条の2第4項）については、取締役会における議決権行使や、会社の業務の執行など、取締役としての職務の執行が広く含まれまる一方、辞任は含まれないとされています（竹林ほかⅧ・完11～12頁）。

6　見送られた改正事項と残された解釈上の課題

(1)　終任事由に係る規定の見送り

成年被後見人であることを欠格事由とする条項が削除されたとしても、取締役等が任期の途中で後見開始の審判を受けたときは、原則として、委任契約は終了すると考えられます（330条、民653条3号）。しかし、こうした民法の規定は任意規定であるようにも思われることから、法制審部会では、会社法に、強行法規として、後見開始の審判を受けたことを取締役の終任事由とする旨の規定を設けることが検討されました。また、そもそも、取締役等が在任中に保佐開始の審判を受けたことは、民法上も委任契約の終了事由とされていません。このため、保佐開始の審判を受けたことについても、取締役の終任事由とする旨の規定を設けることが検討されました。

これらの検討に際しては、ⅰ）そもそも後見開始の審判を受けたことを委任の終任事由とする民法の定めに対する特約の有効性に疑問を呈する意見や、ⅱ）取締役等が在任中に保佐開始の審判を受けた場合であっても、改正法331条の2第4項によって個々の職務執行の効力が行為能力を理由に事後的に覆されることはないから、取引の安全に対する影響はさほどのものではないとの意見などが出され、終任事由に係る規定を新たに設けることは見送られることとなりました。

在任中に保佐開始の審判を受けた取締役等の保護については、辞任（330条、民651条2項ただし書）や解任（339条1項）などの方法によって図ることが考えられます。

（2） 民法713条と会社法上の責任の関係

これまでの会社法の下でも、行為時に責任弁識能力を欠く者の不法行為責任を否定する規定（民713条）について、会社法上の責任（423条1項・429条1項等）に適用があるかという解釈上の難問が存在しています。今回の会社法改正において、成年被後見人であることなどの欠格条項を削除するのに伴って、こうした解釈上の問題を手当てするかどうかも検討されましたが、見送られることとなりました。このため、この問題は、今後も引き続き解釈に委ねられることとなっています。

（3） 成年後見人の賠償責任

取締役・監査役・執行役・清算人は、その専門的知識に対する株主の信頼を基礎に選任されていることなどから、その職務の執行は代理に親しまないと解されています。したがって、成年被後見人がこれらに就任した場合、成年後見人がこれらの職務の執行を代理することはできず、成年被後見人の取締役等としての職務の執行に成年後見人が関与することは想定されていません（竹林ほかⅧ・完12頁）。

こうしたことからすると、取締役等に就任した成年被後見人が、その職務の執行に関し会社または第三者に損害を与えた場合であっても、成年後見人は、原則として会社や第三者に対して損害賠償責任を負うことはないと考えられます。もっとも、成年後見人が事実上取締役等として職務を執行したと評価できるような場合には、損害賠償責任を負うことも考えられるでしょう。また、成年後見人が成年被後見人に代わって取締役等への就任を承諾するについて、善管注意義務（民869条・644条）に違反したと認められるときは、当該成年後見人は成年被後見人に対し、損害賠償責任を負うことはあり得るとの考えが示されています（前掲・竹林ほか13頁）。

（4） 他の取締役等の義務に関する論点

法制審部会では、ⅰ）心身の故障により職務を執行することができないと認められる者を取締役等の候補者とする議案を提案することの可否、ⅱ）在任中の特定の取締役等が心身の故障により職務を執行することができないことを知った場合における義務、という論点も提示されました。

ⅰ）については、このような候補者を選任することにより会社に損害が生ずる場合、取締役が、当該者を取締役等の候補者に推薦するに当たり、当該者がこのような状態にあることを知り、または知ることができたときは、損害賠償責任（423条）を負うとの解釈論が示されています（部会資料17・7頁）。また、ⅱ）については、①こうした事情を知った取締役は、心身の故障がある取締役の解任のために株主総会を招集したり、一時取締役の選任の申立て（346条2項）や監査役への報告（357条）などの措置を講ずることが求められるであろうこと、②こうした事情を知ったのが監査役である場合には、取締役会への報告（382条）や一時取締役の選任の申立て（346条2項）などの措置を講ずることが求められるであろうことが示されています（部会資料17・7頁）。

（植松　勉）

43 株式会社の代表者の住所の登記事項としての扱いについて、どのような変更がされましたか？

Check　911条3項14号・23号ハ

Point
① 登記所における登記情報の提供は従来どおり
② DV 被害者等の申出により会社代表者の住所を登記情報に記載しないことも可
③ 登記情報提供サービスでは会社代表者の住所情報は提供されない

株式会社の代表者の住所が記載された登記事項証明書に関する規律については、会社法および会社法に基づく法務省令の改正を行わないこととしました。しかし、①代表者から自己が配偶者からの暴力の防止及び被害者の保護に関する法律1条2項に規定する被害者等で、さらなる被害を受けるおそれがあることを理由として申出があった場合には、登記官は当該代表者の住所を表示しない措置を講ずることができるものとすること、②電気通信回線による登記情報の提供に関する法律に基づく登記情報の提供においては、株式会社の代表者に関する情報を提供しないものとすることについて、法務省令の改正を求める附帯決議が採択され、これに従って、商業登記規則および電気通信回線による登記情報の提供に関する法律施行規則が改正されることになります。

解説　Explanation

1　現行法の問題点

現行法では、株式会社の代表者の住所が登記事項とされ（911条3項14号・

23号ハ)、何人も当該住所が記載された登記事項証明書の交付を請求できるとされています（商業登記法10条１項)。しかし、この点については、個人情報保護の観点から、当該住所を登記事項から削除し、またはその閲覧を制限することが妥当ではないかと指摘されています（中間試案補足説明71頁)。

もっとも、代表者の住所は、代表者を特定するためだけでなく、民事訴訟法上の裁判管轄の決定および送達（民訴103条１項・37条）の場面において法人に営業所がないときには必要となること（田中・会社法（第２版）232頁）から、登記事項証明書に株式会社の代表者の住所を記載する意義は大きいという旨が、特に消費者問題を扱う弁護士から指摘されています。

2　会社代表者のプライバシー保護の必要性

確かに、会社の代表者の住所が記載された登記事項証明書を誰でも取得できる現行法のもとでは、会社代表者のプライバシーについてもっと配慮する必要があるといえます。そこで、中間試案では、代表者の住所は登記事項としつつも、当該住所が記載された登記事項証明書の交付を一定程度制限するため、登記簿に記載されている事項（代表者の住所を除く。）が記載された登記事項証明書については、何人もその交付を請求できるものとするが、代表者の住所が記載された登記事項証明書については、当該住所の確認について利害関係を有する者に限り、その交付を請求できるものとするという規律が提案されました（中間試案補足説明71頁)。

もっとも、代表者の住所が記載された登記事項証明書の交付請求をできる者をこのように限定したとしても、「利害関係を有する者」の解釈如何によってはその効果が期待できません。そこで、ここでいう「利害関係」の意義を、登記簿の附属書類の閲覧について利害関係を有する者がその閲覧を請求できるものとする登記簿の附属書類の閲覧の制度（商業登記法11条の２）と同様に、事実上の利害関係では足りず、法律上の利害関係を有することを必要とすべきという意見もありました。そのため、部会では、「利害関係を有する者」の具体例として、①株主、②債権者、③株式会社とこれから取引を開始しようとする者、訴えを提起するか否かを検討している者、訴えを提起しようとしている者、④犯罪による収益の移転防止に関する法律に基づき法人顧客の代表者住所を確認する必要がある特定事業者等を含めるかどうかが検討されました（部会資料21・10頁）。

また、代表者の住所を記載した登記事項証明書の請求を、弁護士、司法書士など一定の資格を有する者にいわゆる職務上請求を認めることを条件として要求することで、会社代表者のプライバシーを保護しようとする意見もありました。

3　附帯決議による解決

しかしながら、中小企業の取引実務において、代表者の住所が与信審査や与信管理のために利用されており、これを見ることができなくなった場合には実務に大きな影響があること、弁護士等の一定の資格を有する者のみによる職務上請求に限って代表者の住所の閲覧を認めるとすると、登記所における事務負担が過大になるだけでなく、そもそも登記情報提供サービスについては弁護士等とその他の利用者と区別して閲覧を可能なものとすることは困難であること等から、全体をペンディングとすることが提案されました（第16回部会議事録５頁・竹林幹事発言）。

そして、部会第17回会議では、この問題については会社法および会社法に基づく法務省令の改正を行わないこととし、必要な対応を求める附帯決議をすることが提案されました（部会資料26・32頁）。ただし、その際、会社代表者がドメスティックバイオレンス（DV）の被害者等である場合には、会社代表者のプライバシーを特に保護すべき必要性が認められます。また、インターネットを通じた登記情報の提供では、簡便に登記情報を閲覧できるため、プライバシー情報の閲覧を制限する必要性は高いと考えられます。そこで、最終的には部会第19回会議において、株式会社の代表者の住所が記載された登記事項証明書に関する規律については、①代表者から自己が配偶者からの暴力の防止及び被害者の保護に関する法律１条２項に規定する被害者等で、さらなる被害を受けるおそれがあることを理由として申出があった場合には、登記官は登記事項証明書に当該代表者の住所を表示しない措置を講ずることができる、②電気通信回線による登記情報の提供に関する法律に基づく登記情報の提供においては、株式会社の代表者に関する情報を提供しないものとする、という規律を設ける必要がある、という附帯決議が国会で採択されました（一問一答・269頁）。

4　残された問題

上記附帯決議に基づく措置については、商業登記規則（昭和39年法務省令第23号）および電気通信回線による登記情報の提供に関する法律施行規則（平成12年法務省令第28号）を改正することにより実施されることになります（一問一答・271頁（注3））。具体的には、①登記事項証明書を登記所の窓口または郵送で取得する方法によるときは、原則として現行法どおり、会社代表者の住所が記載された登記事項証明書が交付されますが、例外的に会社代表者から自己がDVの被害者等で、さらなる被害を受ける恐れがある旨の申出があった場合、その申出を相当と認めるときは、登記官は、代表者の住所を登記事項証明書に表示しない措置を講ずることができることになります。また、②電気通信回線による登記情報の提供に関する法律に基づいて登記情報をオンラインで閲覧するときは、その簡便さから、一律にインターネットを利用して代表者の住所に関する情報をオンラインで取得することができないことになります。

このうち、②については、システムを改修する必要があるため、改修後のシステムの運用開始時期は令和4年12月以降となることが見込まれることから、改正法の公布の日から起算して3年6月を超えない範囲内の適切な時期に、これらの法務省令を改正することが予定されています（竹林ほかⅧ・完14頁、一問一答・271頁（注3））。

もっとも、DV被害者等である会社代表者からの申出に基づき代表者の住所を表示しない措置が講じられた場合であっても、利害関係を有する者は、商業登記簿の附属書類の閲覧の制度（商業登記法11条の2）を利用することにより代表者の住所を知ることができます。しかし、代表者の住所を表示しない措置が講じられた趣旨を踏まえると、その利害関係は事実上の利害関係では足りず、法律上の利害関係が要求されるとともに、商業登記簿の附属書類の閲覧申請に際して、利害関係を証する書面（商業登記規則第21条第2項第3号・第3項第2号）として、請求書、契約書、領収書または訴状の写し等を添付することを求めるべきだとの指摘があり（神田Ⅷ・完16頁、一問一答・275頁（注））、さらなる法整備が必要になると思われます。

（稲村　晃伸）

あとがき

本書は、東京弁護士会法制委員会に所属する委員によって執筆された「会社法の一部を改正する法律」(令和元年法律第70号。以下「改正法」といいます)その他関係法務省令に関する解説書です。

法制委員会は、司法制度の改善、法令の調査・研究及び意見提言などを行うことを目的として設立され、民事基本法に関する重要な改正に際し、様々な提言を行っています。今般の会社法改正に際しても、法制審議会会社法制(企業統治等関係)部会(以下、「本部会」といいます)の設置後、法制委員会、商事法部会にて改正法の調査・研究及び提言を行ってきました。

改正法要綱案の決定後、本書出版に向けた企画を立ち上げ、草稿の執筆を開始しました。解説書としての充実を図る観点から、関係法務省令の内容をも踏まえることとし、その公布を待ちながら、執筆者が各自の草稿を持ち寄り、編集会議を数回開催して推敲を重ねてきました。

しかしながら、新型コロナウィルスの蔓延を受け、緊急事態宣言が発令。編集会議の休会を余儀なくされました。

様々な制約と不安な状況下において、編集作業を一手に引き受けてくれたのは、商事法部会の植松勉部会長、櫻庭広樹担当副委員長及び新堀光城副部会長でした。彼らの尽力がなければ、本書は完成しなかったといっても過言ではありません。また、法制審議会会社法(現代化関係)部会委員でおられた河和哲雄先生は、すべての原稿に目を通し、大所高所の視点からご指導くださいました。さらに、弘文堂編集部の高岡俊英氏には編集作業に根気強くご協力いただきました。法制委員会を代表し、心から感謝申し上げます。

本書が弁護士、会社法務部等実務家のみなさんにとって、有益な書籍として利用されると幸いです。

令和3(2021)年1月

東京弁護士会　法制委員会
委員長　荒木　理江

執筆者・担当一覧

編集責任者（修習期順）

植松　　勉（うえまつ・つとむ）Q3、42
櫻庭　広樹（さくらば・ひろき）Q33～35
新堀　光城（にいぼり・みつしろ）Q16・17

執筆者（修習期順）

沖　　隆一（おき・りゅういち）Q1、4、32
中込　一洋（なかごみ・かずひろ）Q2、13、38
荒木　理江（あらき・まさえ）Q11・12
岩田真由美（いわた・まゆみ）Q36・37（横山弁護士と共著）
横山　宗祐（よこやま・しゅうすけ）Q36・37（岩田弁護士と共著）、39・40
稗田さやか（ひえだ・さやか）Q5～8
稲村　晃伸（いなむら・てるのぶ）Q41、43
大橋　美香（おおはし・よしか）Q9・10
水野　貴博（みずの・たかひろ）Q24～26
浅尾　綾乃（あさお・あやの）Q14・15
小林　章子（こばやし・あきこ）Q28・29
全　　未来（ぜん・みらい）Q18～20
小林　知子（こばやし・ともこ）Q27、30・31
岡田　奈々（おかだ・なな）Q21～23

Q&A ポイント整理 改正会社法

2021（令和３）年２月28日　初版１刷発行

編　者　東京弁護士会
発行者　鯉渕　友南
発行所　株式会社　弘　文　堂　101-0062 東京都千代田区神田駿河台１の７
TEL 03(3294)4801　振 替 00120-6-53909
https://www.koubundou.co.jp

装　幀　後藤トシノブ
印　刷　港北出版印刷
製　本　井上製本所

ISBN978-4-335-35867-8